사소한
고래책

고래가 들려주는 **지구**와 **생명**의 **진화** 이야기

사소한 고래책

김은정 글·그림

한권의책

차례

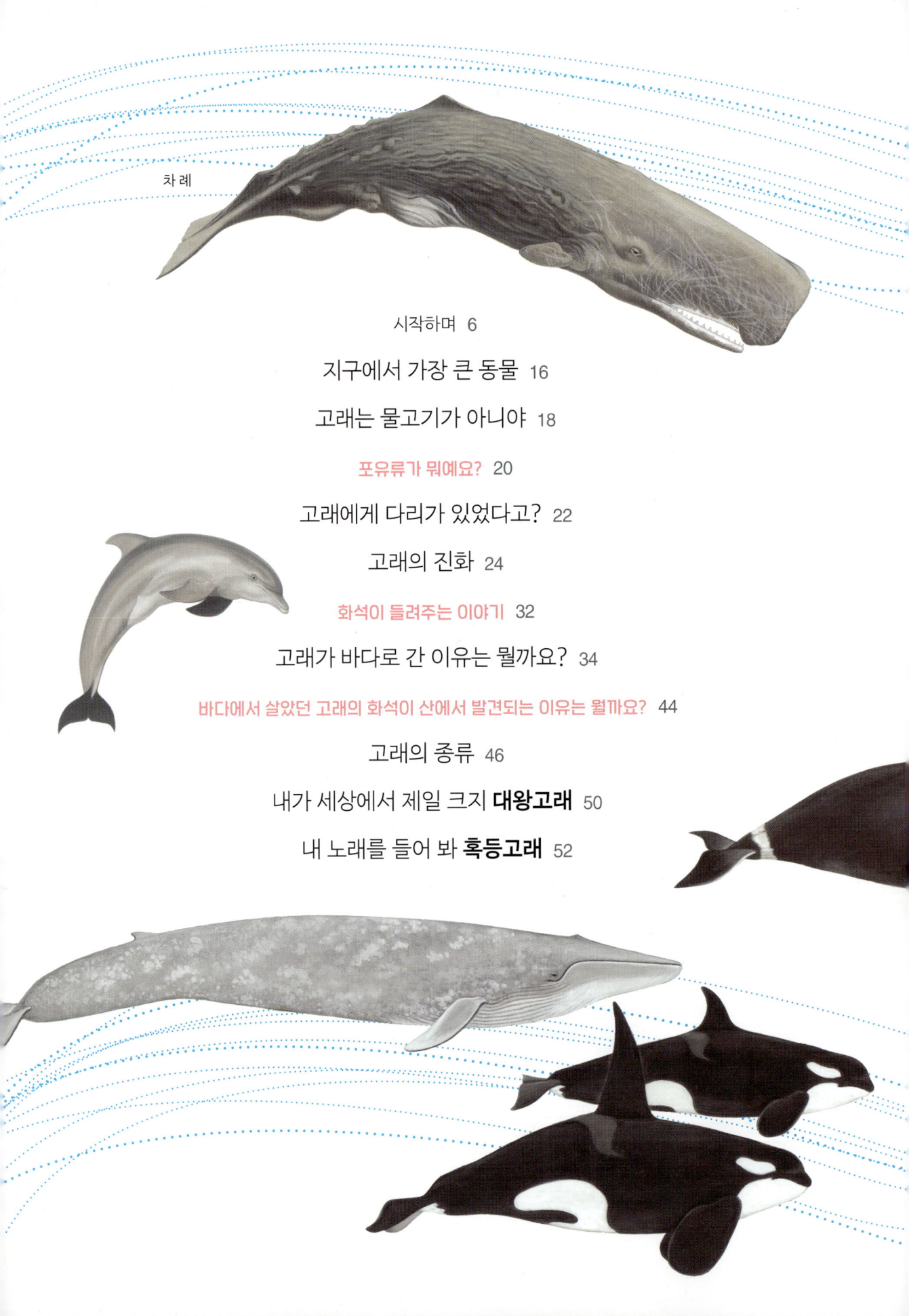

시작하며 6

지구에서 가장 큰 동물 16

고래는 물고기가 아니야 18

포유류가 뭐예요? 20

고래에게 다리가 있었다고? 22

고래의 진화 24

화석이 들려주는 이야기 32

고래가 바다로 간 이유는 뭘까요? 34

바다에서 살았던 고래의 화석이 산에서 발견되는 이유는 뭘까요? 44

고래의 종류 46

내가 세상에서 제일 크지 **대왕고래** 50

내 노래를 들어 봐 **혹등고래** 52

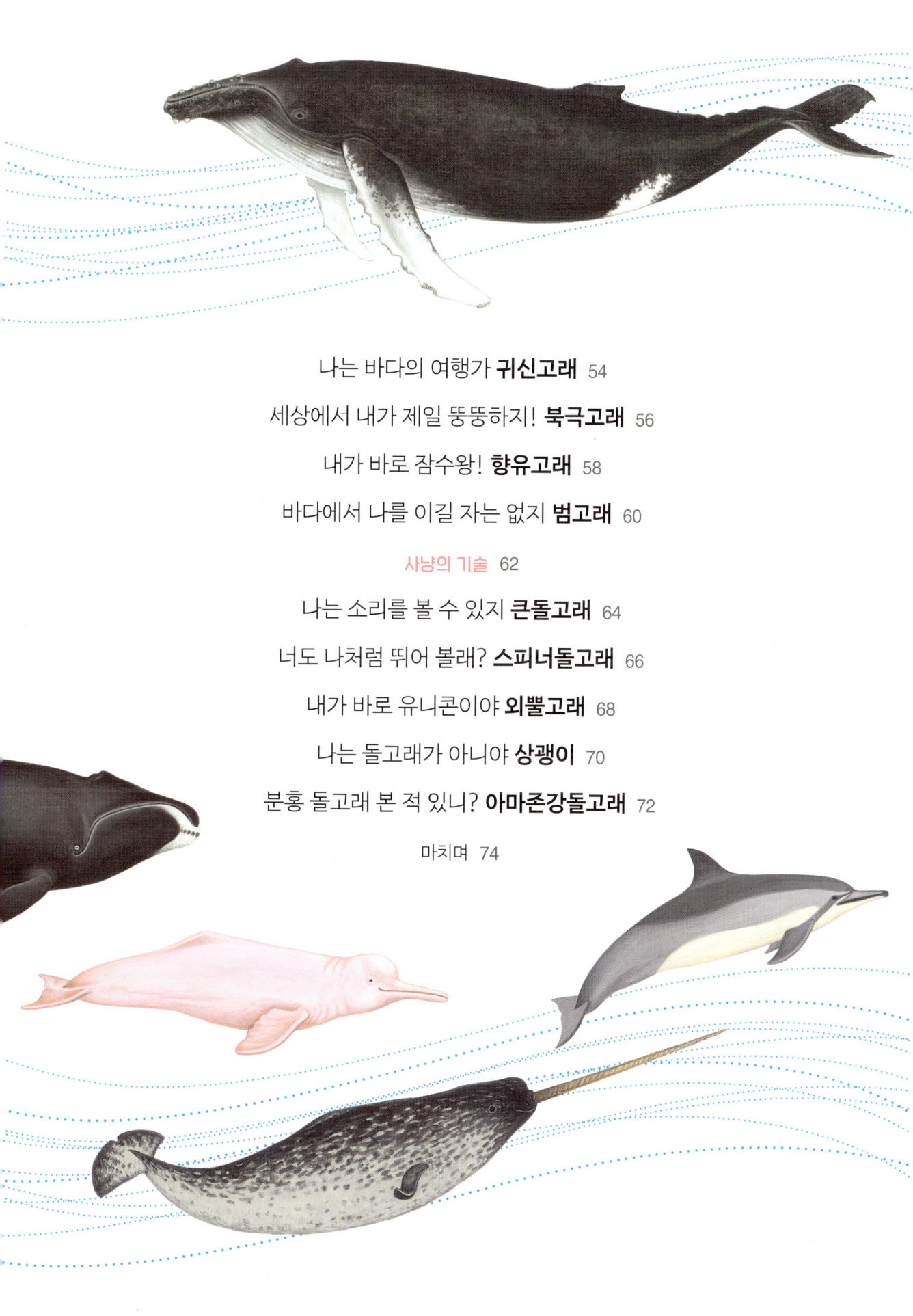

나는 바다의 여행가 **귀신고래** 54

세상에서 내가 제일 뚱뚱하지! **북극고래** 56

내가 바로 잠수왕! **향유고래** 58

바다에서 나를 이길 자는 없지 **범고래** 60

사냥의 기술 62

나는 소리를 볼 수 있지 **큰돌고래** 64

너도 나처럼 뛰어 볼래? **스피너돌고래** 66

내가 바로 유니콘이야 **외뿔고래** 68

나는 돌고래가 아니야 **상괭이** 70

분홍 돌고래 본 적 있니? **아마존강돌고래** 72

마치며 74

 시작하며

여러분은 고래 좋아하세요? 좋아한다면 왜 좋아하나요? 커다란 몸을 물 위로 솟구치는 모습이나 분수처럼 물을 뿜어내는 모습이 멋지다고 생각할 수도 있고, 사람을 잘 따르고 장난치기 좋아하는 돌고래가 귀엽다고 생각할 수도 있을 거예요.

그런데 고래가 물고기가 아닌 것은 알고 있나요? 고래는 바닷속에서 물고기처럼 살아가지만, 물고기가 아니라 사람처럼 물 밖에서 숨을 쉬어야 하고, 새끼를 낳아 젖을 먹여 키우는 포유류예요. 물속에서 살면서 공기로 숨을 쉬고 새끼에게 젖을 먹이는 게 쉽지 않을 텐데, 고래가 바닷속에서 사는 이유가 뭘까요?

알면 알수록 신기한, 지구에서 가장 큰 동물, 고래 이야기를 시작합니다.

엄마 고래는 새끼 고래를 1년 동안 돌보며 키워요.

고래는 물 위로 올라올 때마다 머리 위의 숨구멍으로
공기를 내뱉고 물방울을 분수처럼 뿌리면서 숨을 쉬어요.

혹등고래는 거대한 몸을 물 밖으로 내밀고 솟구쳐 오르지요.

돌고래는 동료들과 함께 물 위로 뛰어오르며 노는 걸 좋아해요.

지구에서 가장 큰 동물

고래에게는 다른 물고기와 구별되는 여러 특징이 있지만, 그 무엇보다 가장 먼저 눈에 띄는 것은 크기일 거예요. 고래는 지구에서 가장 큰 동물이에요. 현재의 바닷속이나 육지뿐만 아니라 지금까지 지구에서 살았던, 그러니까 멸종해 사라진 동물까지 다 합쳐도 고래보다 큰 동물은 없어요.

티라노사우루스(13m)

범고래(10m)

공룡 화석이 새롭게 발굴되면서 가장 큰 고래인 대왕고래보다 몸길이가 더 긴 공룡이 등장하기도 하지만, 몸집에서는 고래의 상대가 되지 않아요. 몸집이 크기로 유명한 브라키오사우루스 같은 용각류 공룡은 몸길이의 3분의 2 이상이 긴 목과 꼬리여서 몸무게가 최대 수십 톤이지만, 몸이 처음부터 끝까지 뚱뚱한 대왕고래의 몸무게는 100톤이 넘거든요.

브라키오사우루스(26m)
대왕오징어(20m)
대왕고래(33m)
고래상어(18m)
아프리카코끼리(7.5m)

고래는 물고기가 아니야

물고기처럼 물속에서 헤엄치며 먹이를 먹고 물고기와 생긴 것도 비슷하지만, 고래는 어류인 물고기와 다른 동물입니다. 호흡하는 방법, 헤엄치는 방법, 새끼를 낳아 키우는 방법 등 살아가는 방식이 전혀 달라요. 고래는 어류가 아니라 포유류이거든요.

포유류인 고래는 체온을 일정하게 유지하는 정온 동물인 반면,
대부분의 물고기는 주변 환경에 따라 체온이 변하는 변온 동물이에요.
또 물고기는 물속에서 아가미로 호흡하지만, 고래는 폐와 머리 위에 나
있는 숨구멍인 분수공으로 물 밖에서 공기 호흡을 해요.

분수공
공기를 폐로 보내 주는 숨구멍으로, 인간의 콧구멍과 비슷해요. 방수 기능이 있어 물속에서는 물이 들어오지 않고 수면 위로 올라왔을 때만 열려요.

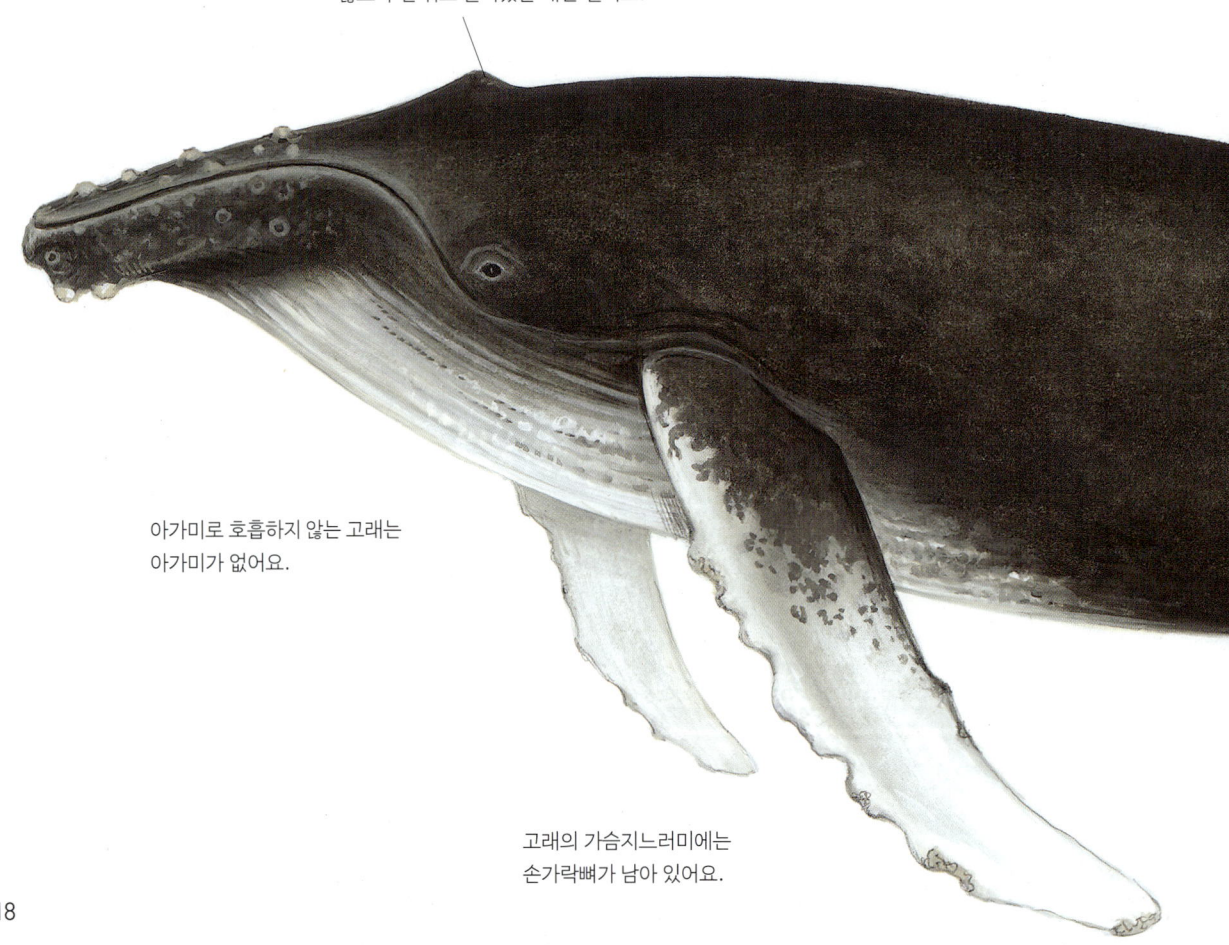

아가미로 호흡하지 않는 고래는 아가미가 없어요.

고래의 가슴지느러미에는 손가락뼈가 남아 있어요.

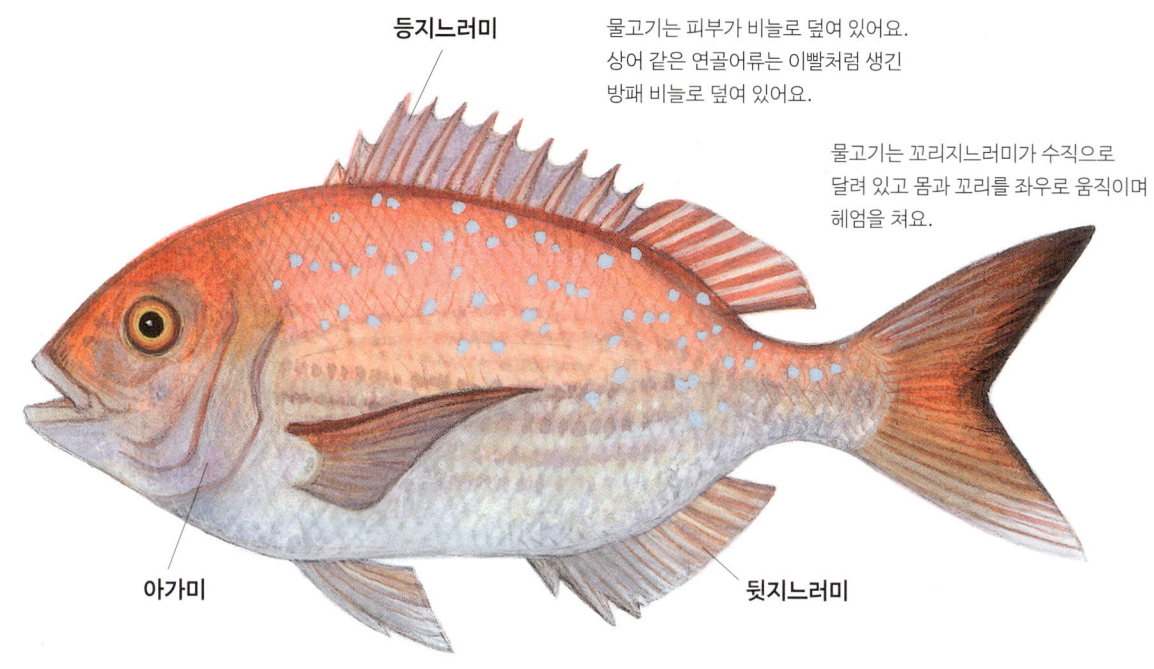

등지느러미

물고기는 피부가 비늘로 덮여 있어요.
상어 같은 연골어류는 이빨처럼 생긴
방패 비늘로 덮여 있어요.

물고기는 꼬리지느러미가 수직으로
달려 있고 몸과 꼬리를 좌우로 움직이며
헤엄을 쳐요.

아가미

뒷지느러미

물고기는 알을 낳고, 알을 깨고 나온 새끼는 혼자 살아가지요. 상어와 같은 일부 물고기가 새끼를 낳기는 하지만 역시 새끼를 돌보지는 않아요. 고래는 다른 포유류처럼 새끼를 낳고, 젖을 먹이면서 돌보지요.

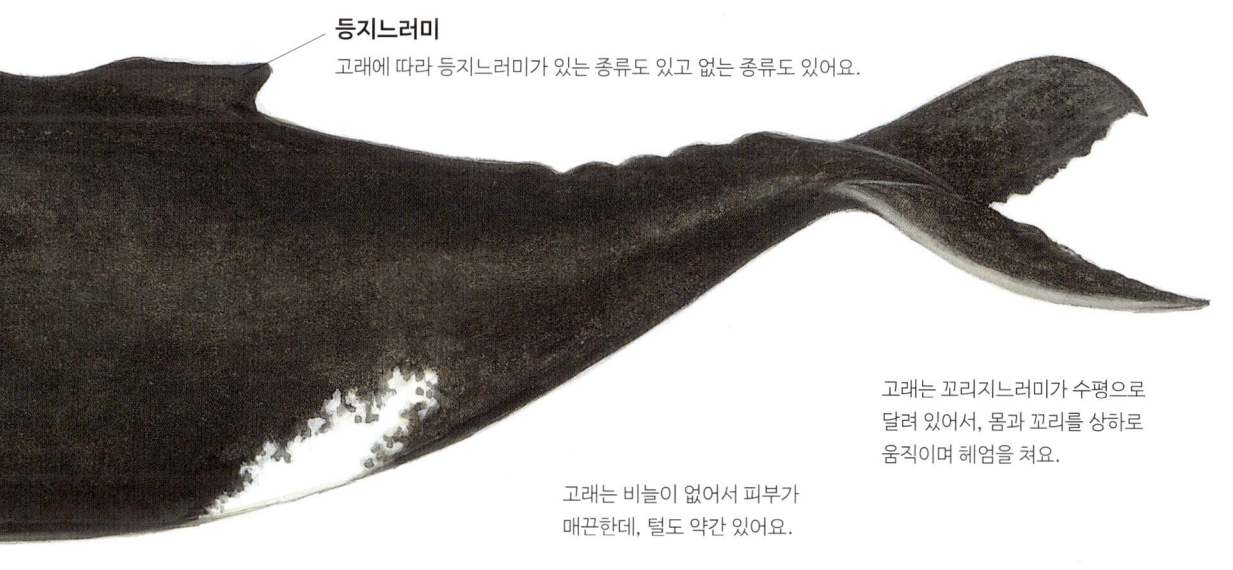

등지느러미
고래에 따라 등지느러미가 있는 종류도 있고 없는 종류도 있어요.

고래는 꼬리지느러미가 수평으로
달려 있어서, 몸과 꼬리를 상하로
움직이며 헤엄을 쳐요.

고래는 비늘이 없어서 피부가
매끈한데, 털도 약간 있어요.

고래는 뒷지느러미가 없어요.

포유류가 뭐예요?

생물학에서는 물속에 사는 어류, 말랑한 알을 낳는 양서류, 피부에 비늘이 있는 파충류, 하늘을 나는 조류 등 각자의 특징으로 동물을 나누어 분류해요. 그중 젖샘이 있어 새끼에게 젖을 먹여 키우는 동물 무리를 포유류라고 하지요. 그리고 몸속에 척추(등뼈)가 있는 동물들을 묶어서 척추동물이라고 불러요. 어류, 양서류, 파충류, 조류, 포유류가 모두 척추동물이에요.

어류는 지구에서 처음으로 척추가 생긴 동물이에요. 어류는 전 세계의 바다, 호수, 강에서 살면서 물속에서 숨을 쉬고, 먹이를 먹고, 또 빠르게 헤엄을 칠 수도 있지요. 새끼를 낳는 물고기도 있지만 대부분 알을 낳고 새끼를 돌보지 않아요.

양서류는 알에서 깨어난 어린 새끼(유생) 때는 물에서 살고, 다 자라 어른이 되면 육지에서 살아요. 양서류라는 이름도 양쪽에서 서식한다는 뜻이지요. 피부는 비늘도 깃털도 없이 매끈해요.

파충류는 몸이 마르지 않게 방수 기능이 있는 비늘이 나 있고 껍데기가 단단한 알을 낳아서, 물이 없는 마른 땅에서 번식을 할 수 있는 완전한 육지 동물이지요.

조류는 모두 깃털과 날개가 있고, 대부분은 하늘을 날 수 있어요. 조류는 공룡의 한 종류로, 현재의 파충류와 가까운 친척이지요. 척추동물 중에서 조류와 포유류만 체온이 일정한 정온 동물이에요.

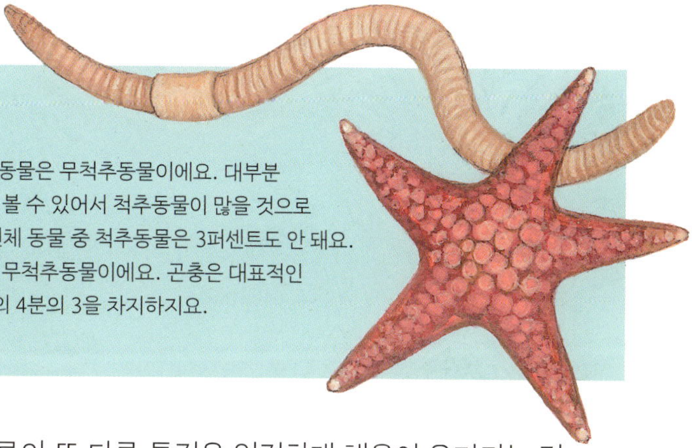

척추동물을 제외한 모든 동물은 무척추동물이에요. 대부분 크기가 크고 우리가 흔히 볼 수 있어서 척추동물이 많을 것으로 생각하기 쉽지만, 사실 전체 동물 중 척추동물은 3퍼센트도 안 돼요. 지구에 사는 동물은 거의 무척추동물이에요. 곤충은 대표적인 무척추동물로 전체 동물의 4분의 3을 차지하지요.

새끼에게 젖을 먹여 키운다는 것과 함께 포유류의 또 다른 특징은 일정하게 체온이 유지되는 정온 동물이고, 대부분 몸에 털이 나 있다는 거예요. 털이 나는 피지샘이 젖샘으로 발달했지요. 포유류 동물로는 단공류, 유대류, 태반류가 있어요.

단공류는 새끼가 아니라 알을 낳고, 알에서 부화한 새끼에게 젖을 먹여 키우는데 젖꼭지가 없어서 피부에서 스며 나온 젖이 배를 적시면 새끼가 핥아 먹어요. 바늘두더지와 오리너구리가 단공류에 속해요.

유대류는 태반이 없어서 임신 기간이 짧아요. 자라다 만 아주 작은 새끼를 낳아서 주머니 안에서 키우는데, 새끼는 주머니 안에 있는 젖꼭지를 통해 영양분을 얻지요.

대부분의 포유류가 태반이 있는 **태반류**예요. 새끼는 탯줄을 통해 어미의 태반과 연결되어 산소와 영양분을 전달 받으면서 오랜 시간 어미의 몸속에서 자라지요. 태반류는 새끼에게 젖을 먹여 키우는데 젖을 떼고 나서도 돌보는 경우가 많아요.

고래에게 다리가 있었다고?

고래는 물고기처럼 살아가지만 물고기가 아니고, 포유류이지만 다른 포유류와 생활 방식이 전혀 달라요. 이렇게 누구와도 다르게 살아가는 이유는, 고래가 처음에는 우리가 흔히 보는 다른 포유류처럼 네발로 걷던 털 있는 육지 동물이었기 때문이에요. 고래의 조상은 현재의 낙타나 소, 양, 돼지처럼 발굽이 있는 동물이었어요. 최초의 고래는 육지에서 물로 점차 사는 곳을 옮겼고, 물에서 지내는 시간이 길어지자 뒷다리는 사라지고 지느러미가 생기면서 헤엄치기 좋은 형태로 변했지만, 짧은 시간 동안 빠르게 진화하면서 육지 동물의 여러 특징과 흔적이 아직 남아 있는 거예요.

현재 지구에 사는 동물 중 고래와 가장 가까운 친척은 하마예요. 하마는 육지에서 살아가지만 전 생애를 물과, 그 주변의 진흙 더미에서 지내요. 물속에서 오래 머물 수 있고 피부에 털과 땀샘이 거의 없으며 물속에서 다른 하마와 의사소통을 하는 등 여러 생태적 특징이 고래와 비슷해요. 낙타나 소, 양과 고래의 중간 단계처럼 보이지만, 하마와 고래는 공통 조상에서 가장 늦게 갈라져 나온 동물들로, 하마가 진화하여 고래가 된 것은 아니예요.

하마는 육지의 민물에서 살아가는데, 평생 물을 떠나지 않고 새끼도 물속에서 낳지요.

발굽 달린 포유류를 통틀어 '유제류'라고 불러요. 유제류는 발가락 수가 짝수인 우제류(돼지, 소, 양, 하마)와 발가락 수가 홀수인 기제류(말, 코뿔소), 코끼리가 속한 장비류로 나뉘어요. 이 세 집단은 각각 독자적인 동물들이 따로 진화한 거예요.

고래도 크게 보면 기린, 돼지, 낙타, 염소, 소, 하마 등과 함께 우제류에 속한다고 할 수 있어요.

고래의 진화

최초의 고래는 소나 사슴과 같이 네 개의 다리에 발굽이 있고 몸에 털이 난 육지 동물이었어요. 과학자들은 5300만 년 전에 살았던 파키케투스를 육지와 물을 오가며 생활하기 시작한 '최초의 고래'라고 생각해요. 처음에는 개나 늑대와 비슷했던 생김새가 육지에서 물로 점차 터전을 옮기면서 앞다리는 지느러미로 변했고, 뒷다리는 사라져 현재 고래의 모습으로 진화한 거예요.

파키케투스(5300만 년 전, 2m)는 '파키스탄에서 발견된 고래'라는 뜻이에요. 파키케투스는 파키스탄 북부와 인도 서부의 작은 영역에서 살았어요. 늑대와 비슷하게 생긴 발굽 동물로 민물과 육지를 오가며 사냥을 하던 육식 동물이었어요. 콧구멍은 주둥이 끝에 있고 눈은 머리 위쪽에 있어요.

고실판 ─ 새뼈집

고래의 귓속뼈
얇은 고실판과 두꺼운 새뼈집으로 이루어진 고실뼈는 고래목 동물의 특징이에요.

가운데 귀의 벽 (고실뼈)

육상 우제목 포유류의 귓속뼈

화석으로 남아 있는 고실뼈의 모양으로 전혀 고래처럼 생기지 않은 파키케투스가 고래의 조상이라는 것을 알 수 있어요. 얇은 고실판과 두꺼운 새뼈집으로 이루어진 특이한 고실뼈는 고래목 동물만의 특징이거든요. 그래서 귓속뼈를 보면 고래인지 아닌지 알 수 있는 거예요.

인도히우스(4800만 년 전, 80cm)는 작고 튼실한 사슴처럼 생긴 초식 동물로, 강기슭에서 풀을 뜯다가 맹금류 같은 천적을 피해 물속에 숨는 현재의 아프리카 쥐사슴과 비슷하게 생활했을 것으로 여겨져요. 인도히우스는 본격적으로 물속에서 생활하기 전 고래 조상의 모습을 보여 주는 동물이라고 할 수 있어요.

암불로케투스(4900만 년 전, 3m)는 '걷고 헤엄치는 고래'라는 뜻이에요. 육지에서 걷기도 했지만 주로 물속에 살면서 헤엄치는 짐승이나 물고기를 사냥했어요. 머리는 늑대와 비슷하지만 튼튼한 다리와 근육질 꼬리를 보면 현재의 수달처럼 헤엄쳤을 것으로 여겨지고, 처음으로 바다로 진출하면서 육지와 민물, 바다 모든 곳에서 살았던, 여러 면에서 중간 형태를 보여 주는 고대 고래이지요.

레밍토노케투스(4500만 년 전, 3m)는 짧은 다리와 길고 강력한 꼬리 등 골격은 거대한 민물 수달과 비슷하지만 날카로운 이빨이 난 좁고 긴 주둥이는 가비알 악어를 닮아서 먹이의 종류와 사냥 방식이 가비알 악어와 비슷했을 것으로 여겨져요. 이전 고래목 동물들과 달리 머리 위가 아니라 옆으로 난 작은 눈을 보면 더 이상 수면 위로 머리를 내밀지 않고 완전히 물속에서 생활했다는 것과 시력이 그리 좋지 못했다는 것을 알 수 있지요. 레밍토노케투스는 육지와 가까워서 흙탕물로 눈앞이 뿌연 바다에서 살았어요. 주로 후각을 이용해 사냥을 했을 거예요.

프로토케투스(4500만 년 전, 3m)는
몸이 전체적으로 유선형이에요. 튼튼해진 꼬리는
두 갈래로 갈라진 지느러미로, 다리는 짧은 지느러미발로 변해
모든 면에서 헤엄치기 좋은 형태로 진화했고 콧구멍은 머리 중간쯤으로
옮겨 갔어요. 프로토케투스는 오늘날 바다사자와 비슷하게 살아갔을 것으로
여겨져요. 넓은 바다에서 힘차게 헤엄치면서 강력한 턱과 이빨로 먹잇감을
사냥하고, 새끼를 낳고 기를 때는 육지에 올랐을 거예요.

프로토케투스가 등장하던 때부터 고대 고래의 모양이 완전히 달라져요. 다리는
지느러미와 지느러미발이 되어서 걷는 능력이 완전히 사라졌고 몸도 유선형으로 변하면서
지금의 고래와 많이 비슷해지지요. 파키케투스, 암불로케투스, 레밍토노케투스 화석은
인도와 파키스탄에서만 발견되는데, 프로토케투스와 아이깁토케투스는 이집트에서,
바실로사우루스 이후의 고래 화석들은 세계의 모든 바다에서 발견됐어요. 이것은
프로토케투스 이후의 고래들이 본격적으로 넓은 바다로 진출했다는 것을 뜻하지요.

콧구멍의 위치가 달라져요.
네발로 걷던 육지 동물이 고래로 진화하는 과정에서 몸의 모든 부분이
물속 생활에 알맞도록 변하면서 콧구멍의 위치도 달라져요. 고래의
분수공은 코끝에 있던 콧구멍이 머리 꼭대기로 옮겨 간 거예요.

파키케투스의 콧구멍은
코끝에 있어요.

로드호케투스의 콧구멍은
머리 중간쯤에 있어요.

현재 고래의 분수공은
머리 꼭대기에 있어요.

로드호케투스(4500만 년 전, 3m)는 1미터가 넘는 꼬리를 이용해 물속에서 힘차게 헤엄쳤을 거예요. 물갈퀴는 한층 발달했고 뒷발은 매우 작은데, 뼈로 흔적만 남은 오늘날 고래 뒷발의 퇴화 전 단계로 보여요. 콧구멍은 머리 위 중간에 있어요.

아이깁토케투스(4000만 년 전, 3m)는 '이집트에서 살았던 고래'라는 뜻이에요. 프로토케투스보다 늦은 시기에 나타났지만 콧구멍은 여전히 코끝에 있고, 팔다리에 관절이 있어서 바다코끼리처럼 물 밖에서도 생활했을 것으로 여겨져요.

이빨 모양이 달라져요.

과학자들은 동물의 이빨을 매우 중요하게 생각해요. 이빨은 단단하여 화석으로 잘 남기도 하고, 종류마다 특징이 매우 달라서 이빨 몇 개로 어떤 동물인지 알아볼 수도 있거든요. 고래가 육지 포유류에서 바다 포유류로 진화하는 과정은 이빨에서도 찾아볼 수 있어요.

파키케투스의 이빨은 앞에서 뒤로 갈수록 복잡해지는 현재의 육지 우제류와 비슷해요.

도루돈은 생김새가 지금의 고래와 거의 비슷하지만 이빨은 오히려 육지 포유류와 더 비슷해요.

참돌고래의 이빨은 피부가 미끄러운 물고기를 잡아먹기 좋게 상하좌우가 비슷하게 길고 뾰족해요.

바실로사우루스(3500만 년 전, 18m)는 몸이 완전히 물에 적응한 상태로 보여요. 바다표범처럼 팔꿈치 관절이 있는 앞발만 지느러미발이고, 뒷발은 아주 작아서 거의 쓸모가 없어요. 겉으로 보기에는 바다뱀처럼 보이는 바실로사우루스의 거대한 크기는 고대 고래치고는 특이한 편이라고 할 수 있어요. 오늘날 볼 수 있는 크기가 큰 고래는 200만 년 전쯤 등장하거든요.

도루돈(3500만 년 전, 5m)은 바실로사우루스보다 크기는 작지만 같은 시기, 같은 지역에 살았던 가까운 친척이에요.

크기가 4~5미터 정도였던 고래가 갑자기 200만 년 전쯤부터 거대해졌어요. 그 전까지는 18미터에 이르는 거대 상어 메갈로돈이 바닷속에서 가장 강력한 포식자로서 고래들을 잡아먹었는데, 20미터가 넘는 대형 고래가 등장하면서 더 이상 고래를 사냥하기 힘들어진 것이 메갈로돈이 멸종한 이유 중 하나라고 여겨져요.

토카라히아(3000만 년 전, 5m)는 주둥이 모양이 길고 평평해요.

아이티오케투스(2500만 년 전, 4m)는 앞지느러미가 크고 뒷발은 없어요.

발라이놉테라(200만 년 전~현재, 33m)는 지금 우리가 보는 대왕고래로, 200만 년 전쯤 나타났어요.

고래는 5500만 년 즈음 파키스탄 근처 열대 지방에 살던 작은 발굽 동물에서 진화했어요. 숲속의 물가에서 먹이를 구하다가 천적이 나타나면 물속에 뛰어들어 몸을 숨기던 작은 동물은 악어처럼 눈과 코만 물 밖으로 내밀고 먹이를 기다리는 육식 동물로 진화했지요. 시간이 흐르면서 육지를 완전히 떠나 물속에서만, 그리고 민물에서 넓은 바다로 점차 터전을 옮기면서 우리가 알고 있는 지금의 고래가 된 거예요.

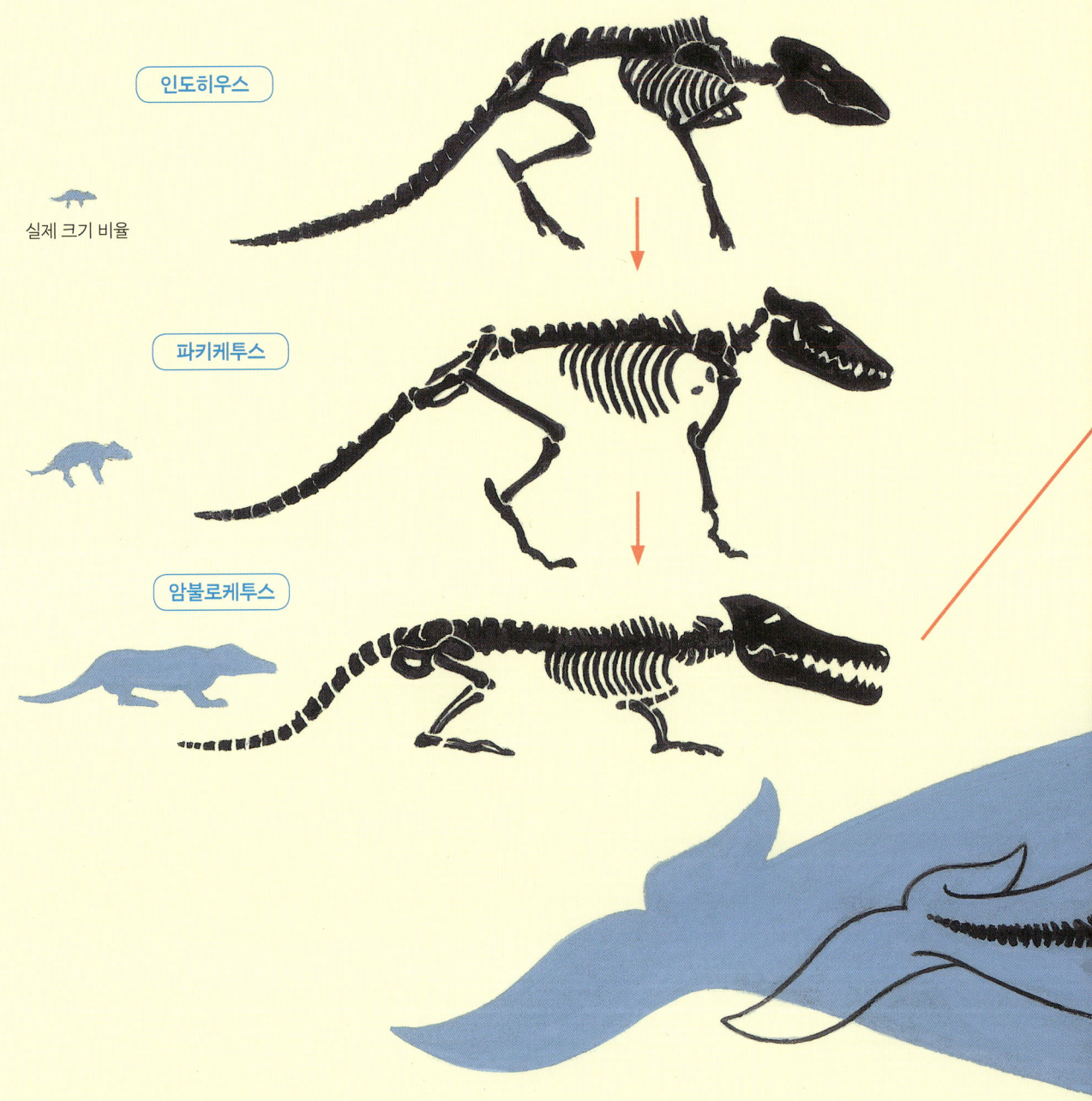

인도히우스

실제 크기 비율

파키케투스

암불로케투스

고래의 몸 중에서 앞다리와 꼬리는 지느러미로 변했고, 뒷다리는 점점 짧아지다가 몸속에 흔적만 남았어요. 몸이 헤엄치기 좋은 유선형으로 변하는 것과 함께 콧구멍의 위치, 눈의 위치, 이빨의 모양 등 육지의 작은 발굽 동물이 진화하여 거대한 바다 동물인 고래가 되는 모든 과정은 고래 뼈 화석에 잘 드러나 있지요.

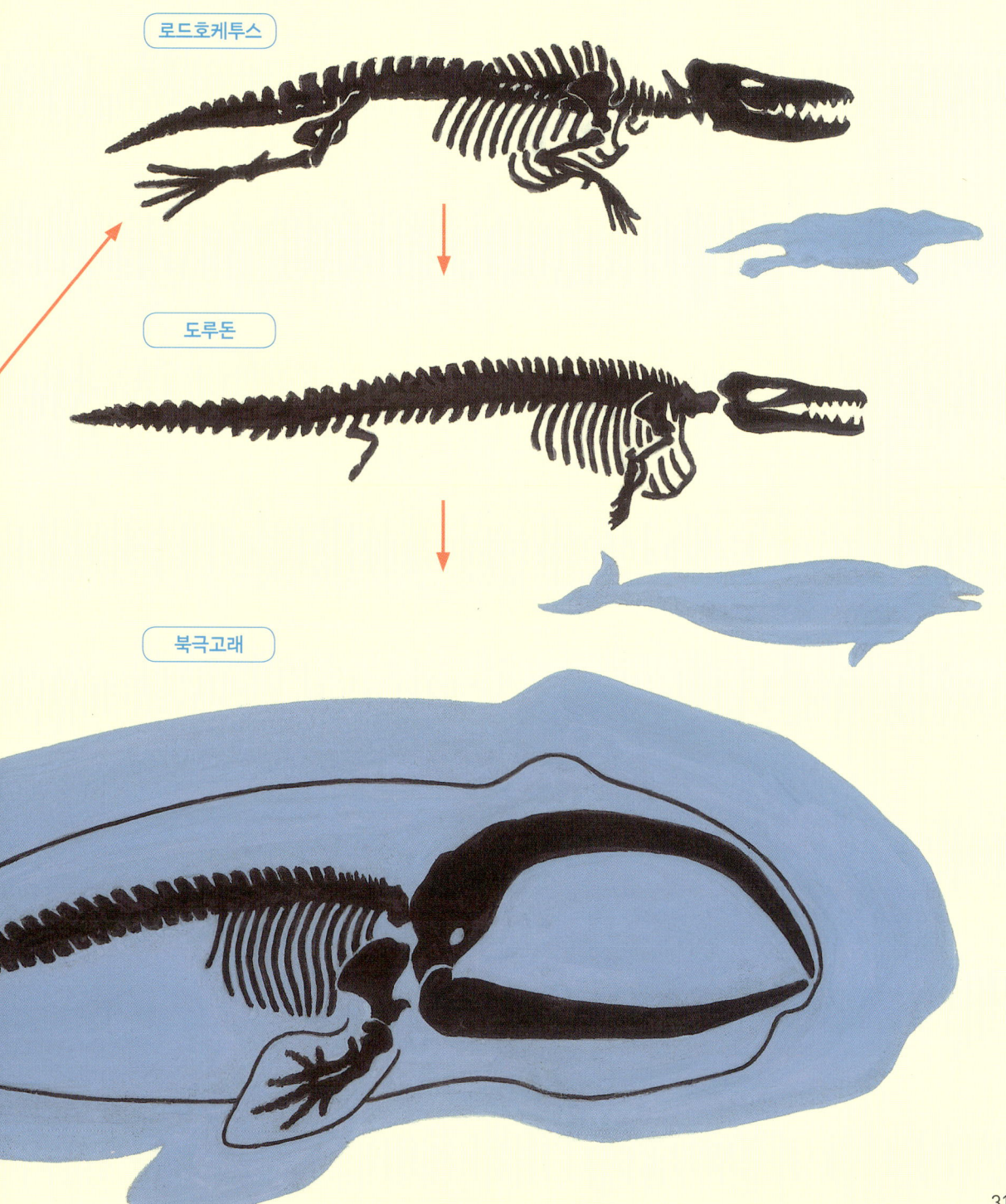

로드호케투스

도루돈

북극고래

화석이 들려주는 이야기

육지에서 살던 고래가 바다로 갔다는 것을 어떻게 아는 걸까요? 화석을 연구하면 과거에 살았던 생물의 종류와 특징, 서식 환경 등 여러 정보를 얻을 수 있어요. 그리고 화석을 연대순으로 배열하면 생물의 진화 여부와 과정을 추측해 볼 수 있지요. 고래는 시기별, 형태별로 여러 화석이 발견되어 진화 이야기를 할 때 예로 드는 대표적인 동물이에요.

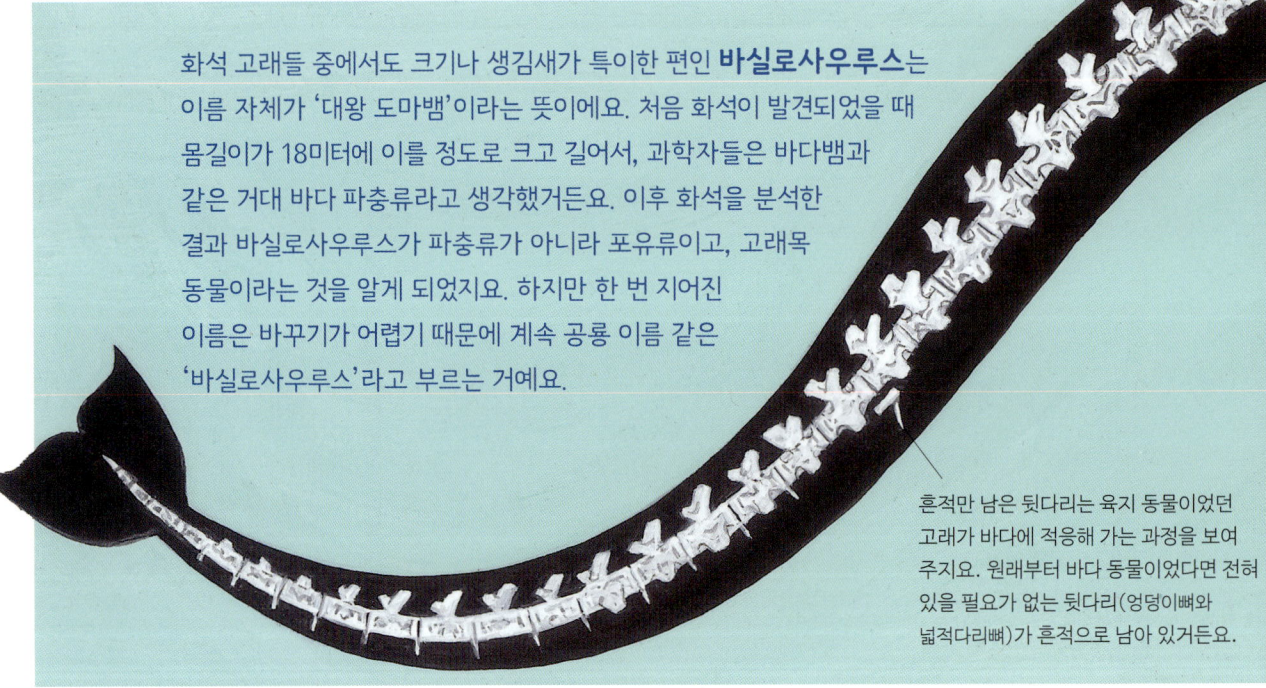

화석 고래들 중에서도 크기나 생김새가 특이한 편인 **바실로사우루스**는 이름 자체가 '대왕 도마뱀'이라는 뜻이에요. 처음 화석이 발견되었을 때 몸길이가 18미터에 이를 정도로 크고 길어서, 과학자들은 바다뱀과 같은 거대 바다 파충류라고 생각했거든요. 이후 화석을 분석한 결과 바실로사우루스가 파충류가 아니라 포유류이고, 고래목 동물이라는 것을 알게 되었지요. 하지만 한 번 지어진 이름은 바꾸기가 어렵기 때문에 계속 공룡 이름 같은 '바실로사우루스'라고 부르는 거예요.

흔적만 남은 뒷다리는 육지 동물이었던 고래가 바다에 적응해 가는 과정을 보여 주지요. 원래부터 바다 동물이었다면 전혀 있을 필요가 없는 뒷다리(엉덩이뼈와 넓적다리뼈)가 흔적으로 남아 있거든요.

어떤 생물의 화석이 발견되는지에 따라 지층의 시대나 당시의 환경을 알아낼 수 있어요.

고생대에만 살았던 삼엽충은 고생대의 표준 화석이에요.

중생대에만 살았던 암모나이트는 중생대의 표준 화석이에요.

특정한 시기에만 살아 그 시기를 대표하는 생물의 화석을 **표준 화석**이라고 해요.

DNA 검사로 공룡 깃털의 색깔을 알아내고, 의외의 친척을 찾아내는 등 여러 과학 분야의 발전으로 이전까지는 알기 어려웠던 사실들이 밝혀진 21세기에도, 지금 존재하지 않는 생물의 생김새를 확인할 수 있는 것은 화석 기록밖에 없어요. 고생물학자들이 여전히 화석을 열심히 찾고 있는 이유이지요.

바실로사우루스가 포유류라는 것은 이빨 모양으로 밝혀졌어요. 파충류와 포유류는 이빨 모양이 다르거든요. 바실로사우루스는 포유류의 이빨을 가졌어요.

바실로사우루스가 고래목 동물이라는 것은 귓속뼈로 밝혀졌어요. 얇은 고실판과 두꺼운 새뼈집으로 이루어진 고실뼈 모양은 예나 지금이나 고래만 지닌 특징이거든요.

특정한 환경에서만 살았던 생물의 화석을 시상 화석이라고 해요.

얕고 따뜻한 바다에서만 사는 산호는 대표적인 시상 화석이에요. 산호 화석이 발견되면 예전에 그곳이 얕은 바다였다는 것을 알 수 있어요.

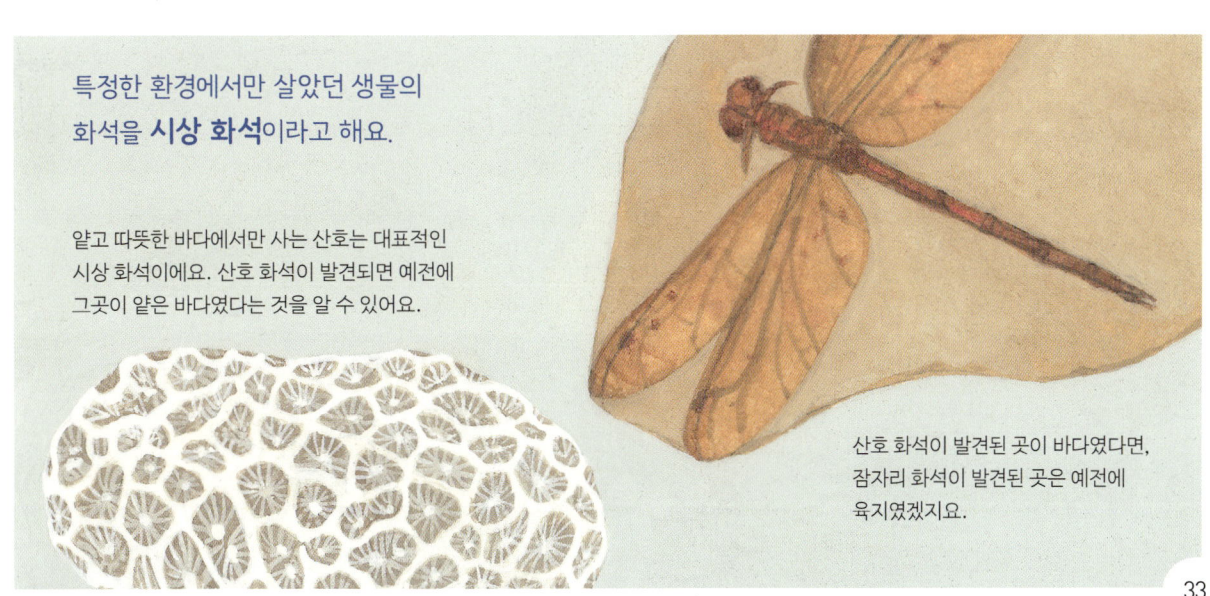

산호 화석이 발견된 곳이 바다였다면, 잠자리 화석이 발견된 곳은 예전에 육지였겠지요.

고래가 바다로 간 이유는 뭘까요?

지구의 모든 척추동물은 최초의 척추동물인 물고기에게서 진화했어요. 물을 떠나 처음으로 육지에 오른 네발 달린 물고기(사지형 어류)는 물과 육지를 오가며 살아가는 양서류로 진화했고, 양서류는 물을 완전히 떠나서 살게 된 파충류와 포유류로 진화했어요. 고래가 속한 포유류는 온전히 육지에서 진화한 동물이에요. 그런데 고래는 물로 다시 돌아간 거예요. 고래가 바다로 돌아간 이유가 뭘까요?

6500만 년 전 백악기 대멸종 사건으로 파충류의 시대였던 중생대가 끝났어요. 중생대를 완전히 지배했던 공룡이 대부분 사라진 신생대의 육지 생태계를 새롭게 장악한 동물은 포유류, 그중에서도 태반 포유류였어요.

파키케투스는 콧구멍이 주둥이 끝에 있고 눈은 머리 위쪽에 있어서 악어처럼 몸을 물속에 숨기고 눈만 내민 채 물을 먹으러 물가로 오는 사냥감을 기다렸을 거예요.

신생대가 시작된 후 육지에서는 포유류가 다양하게 진화하기 시작했어요. 최초의 고래인 파키케투스가 살았던 5300만 년 전 즈음에는 설치류, 박쥐, 유제류와 육식 동물까지 모든 종류의 태반 포유류가 등장했는데, 고래가 속한 발굽 동물인 유제류가 특히 번성했어요.

메니스코테리움은 개 정도 크기의 초식 동물로, 신생대 초기에 수가 많았던 일반적인 모양의 원시 유제류예요.

크리아쿠스는 나중에 박쥐로 진화하는 원시 유제류예요.

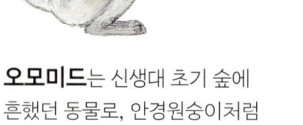

메리코이도돈은 크기는 양과 비슷하지만 양보다는 낙타와 가까운 동물로, 낙타의 먼 조상이 되는 원시 유제류예요.

오모미드는 신생대 초기 숲에 흔했던 동물로, 안경원숭이처럼 생긴 영장류예요.

미아키스는 족제비와 모양과 크기가 비슷한 육식 동물로, 오늘날 개와 고양이, 늑대, 여우, 곰의 조상이 되는 동물이에요.

프로토로히푸스는 말의 조상으로 알려진 신생대 초기의 기제류 동물로, 역시 유제류예요.

디아코덱시스는 작은 사슴처럼 생긴 최초의 우제류예요.

아나갈리드는 토끼나 설치류의 조상이에요.

    사실 고래가 물로 돌아간 이유가 정확히 밝혀진 것은 아니예요. 하지만 짐작해 볼 수는 있지요. 육지에 유제류가 번성했으니 비슷한 동물들끼리 경쟁이 치열했을 거예요. 고래의 조상은 덩치는 컸지만 날렵하거나 무리를 짓거나 하지 않는 육식 동물이어서 다른 동물들에 비해 사냥 실력이 부족했을 것으로 여겨져요. 살아남으려면 경쟁자가 별로 없는 곳이나 다른 동물들은 잘 먹지 않는 먹이를 찾아 나서야 했을 테지요. 이것이 파키케투스가 한적한 강이나 호수의 물속에 발을 담그고 몸을 숨기게 된 이유일 거예요.

| 2억 9900만 년 전 | **페름기(고생대)** | 2억 5000만 년 |

육지에서 살던 고래가 바다로 돌아갔다는 것이 신기하게 느껴질 수도 있지만, 사실 육지의 동물이 바다로 돌아가는 게 그리 놀랍고 특이한 일은 아니에요. 고래 이전에도, 또 이후에도 그리고 동물뿐 아니라 식물까지도 의외로 많은 생물들이 매 시기 기회가 있을 때마다 강이나 바다로 돌아갔고, 지금도 돌아가고 있거든요.

고생대의 마지막 시기인 페름기가 되어서야 물을 완전히 떠나서 살 수 있는 파충류나, 나중에 포유류로 진화하는 단궁류 같은 육지 동물들이 본격적으로 등장하기 시작해요.

클라우디오사우루스(2억 5000만 년 전, 60cm)는 페름기 말 바다와 육지를 오가며 살았던 작은 원시 파충류예요.

고생대에는 대부분의 동물이 바다에서 살았으니, 90퍼센트가 넘는 생물이 멸종한 페름기 말 바다 생태계는 거의 텅 비다시피 할 만큼 큰 타격을 입었어요.

환경이 나빠져 수많은 생물이 멸종한 후, 먼저 회복한 육지 생태계의 생물들이 경쟁을 피해 아직 빈 공간이 남아 있는 바다로 돌아가는 것은 지구 생물의 역사에서 반복적으로 일어나는 일이에요.

트라이아스기(중생대)

1억 8000만 년 전

중생대가 시작되는 트라이아스기 초기에 육지에 살던 덩치 큰 동물은 거대하게 자라던 원시 악어나 일부 단궁류 정도였어요.

트라이아스기 중기 이후 육지에는 뱀이나 도마뱀, 거북, 악어, 익룡과 공룡까지 모든 종류의 파충류가 다양하게 진화했어요.

노토사우루스(2억 2000만 년 전, 4m)는 이름이 '가짜 도마뱀'이라는 뜻인 중생대 초기의 바다 파충류예요.

중생대의 육지가 다양하게 진화한 파충류로 채워지자, 여러 파충류들이 크기가 큰 물고기가 거의 없었던 바다로 돌아갔어요.

이크티오사우루스(1억 8000만 년 전, 3.3m)는 물속 생활에 완전히 적응한 파충류로 흔히 '어룡'이라고 불리는데, 몸과 주둥이의 생김새와 콧구멍(비공)으로 숨을 쉬는 것까지 지금의 돌고래와 비슷해서 '중생대의 돌고래'라고도 불리지요.

오프탈모사우루스(1억 4000만 년 전, 6m)는 어룡의 한 종류로, 다부진 몸과 큰 눈이 특징이에요. 쥐라기 동안 어룡은 다양하게 진화했어요.

| 1억 8000만 년 전 | 쥐라기(중생대) |

중생대 트라이아스기 대멸종의 여파로 거대 양서류가 멸종했고, 덩치 큰 단궁류도 사라졌어요. 쥐라기 이후 중생대 육지 생태계의 거의 모든 자리는 파충류, 그중에서도 공룡이 차지하게 됐어요.

피스토사우루스(2억 3800만 년 전, 3m)는 수장룡의 조상으로 여겨지는 트라이아스기의 바다 파충류예요.

육지에 공룡이 가득할 때, 바닷속에도 다양한 바다 파충류로 가득했어요. 그중에서도 수장룡이 어룡과 함께 큰 세력을 이루었지요. 수장룡은 목이 길어서 붙은 이름이지만 시간이 지나면서 목이 긴 종류와 짧은 종류로 나뉘어 진화했어요. 백악기 초에 멸종해 사라진 어룡과 달리 수장룡은 중생대가 끝날 때까지 바닷속을 장악한 포식자였어요.

리오플레우로돈(1억 4000만 년 전, 6m)은 전형적인 목 짧은 수장룡으로, 날카로운 이빨과 거대한 머리가 특징이에요.

백악기(중생대)

쥐라기와 백악기는 본격적인 공룡의 전성시대로, 공룡이 육지 동물의 90퍼센트가 넘었어요. 몸집이 작은 일부 단궁류가 살아남아 포유류로 진화했지만 대부분 쥐 정도 크기였고 공룡을 피해 밤에만 활동하는 야행성이었어요.

엘라스모사우루스(8000만 년 전, 10m)는 백악기의 대표적인 목 긴 수장룡이에요. 수장룡 중 크기가 큰 것은 24미터까지 자라는 종류도 있었어요.

모사사우루스(7900만 년 전, 11m)는 백악기 후기에만 살았던 바다 파충류로, 어룡이나 수장룡보다는 바다 도마뱀과 가까운 동물이에요. 최대 15미터까지 자라는 커다란 몸집으로 동족을 포함하여 움직이는 모든 것을 잡아먹는 난폭한 포식자로 유명해요.

6500만 년 전   고제3기(신생대)

백악기 말 대멸종으로 10킬로그램 이상 나가는 척추동물은 대부분 멸종했어요. 하늘과 바다와 육지를 가득 채우고 있었던 파충류가 대부분 사라졌으니 지구가 거의 텅 비다시피 했을 거예요. 대멸종에서 살아남은 작은 포유류들이 조금씩 크기를 키우기 시작했고, 1000만 년 정도 서서히 진행되던 포유류의 진화가 5500만 년 전부터는 모든 면에서 폭발적으로 진행되었어요.

중생대 동안은 단공류처럼 알을 낳는 포유류나 유대류가 태반류보다 종류가 많았지만, 신생대에는 태반류가 포유류의 대부분을 차지하게 되지요.

바다에서는 암모나이트가 멸종했고, 대형 파충류도 모두 멸종했어요. 많은 바다 생물들이 타격을 입었다는 얘기예요. 바다 생태계는 오래지 않아 회복해 오징어나 조개 같은 연체동물과 물고기로 가득해졌지만 최상위 포식자이면서 몸집도 컸던 거대 바다 파충류들이 사라진 자리는 쉽게 채워지지 않았어요. 그래서 이번에는 신생대 육지를 빠르게 채워 나가던 포유류가 먹이는 풍부하고, 경쟁자는 거의 없는 바다로 되돌아가게 되었지요.

2300만 년 전

신생대 초기에는 태반류 중에서도 발굽 동물인 유제류가 번성했어요.

암불로케투스(4900만 년 전, 3m)는 물 밖에서 걸을 수도 있었지만, 주로 물속에서 생활하면서 지금의 수달처럼 헤엄쳤을 것으로 여겨지는 고대 고래예요.

프로라스토무스(4800만 년 전, 1.5m)는 육지와 물을 오가며 살았고 하마와 비슷하게 생긴 동물로, 듀공이나 매너티와 같은 바다소목 동물이에요. 바다소도 고래와 비슷한 시기에 바다로 돌아가기 시작했어요.

신생대 육지가 다양한 포유류로 가득해지자 바다로 돌아가는 포유류가 생겨났어요.

프로토케투스(4500만 년 전, 3m)는 지금의 바다사자와 비슷하게 생활했을 것으로 여겨지는 고대 고래예요.

도루돈(3500만 년 전, 5m)은 물속 생활에 완전히 적응한 고대 고래예요.

| 2300만 년 전 | 신제3기 (신생대) |

신생대 중기 이후 육지는 놀라울 만큼 다양하게 진화한 포유류가 장악했다고 할 수 있어요.

폰토리스(1100만 년 전, 4m)는 거대 바다코끼리로 지금은 멸종했어요.

에나리아르크토스(2200만 년 전)는 500만 년 전쯤 멸종한 동물로, 물개와 바다표범, 바다코끼리의 조상으로 알려져 있어요.

육지에 포유류가 가득해진 신생대 동안 여러 육지 포유류가 바다로 돌아갔어요. 고래와 바다소 이후에도 바다코끼리, 바다표범, 바다사자는 2500만 년 전쯤 바다로 돌아가기 시작했고, 수달이나 해달도 물로 돌아가는 중이라고 할 수 있어요. 그리고 북극곰이 바다로 돌아가기 시작한 포유류라고 할 수 있어요. 북극곰도 바다 포유류로 분류되거든요.

제4기(신생대)

260만 년 전 — 현재

육지 동물이 바다로 돌아가는 과정을 보면 공통점을 발견할 수 있어요. 육지에는 비슷한 동물이 가득해지고, 바다에는 경쟁자가 없는 상황이 되면 바다로 돌아가는 동물이 생겨나는 거예요. 그래서 고래가 바다로 돌아간 것도, 비슷한 조건과 환경이 되면 늘 일어나는 자연스러운 일이었다고 할 수 있지요.

듀공은 꼬리가 수평으로 널찍하게 변했고, 뒷발과 골반이 작아지면서 본격적인 바다 동물이 되었어요.

수달

고래든 바다사자든 바다로 돌아가는 모든 포유류들은 수달이나 해달과 같은 과정을 거쳐 바다 동물이 되지요.

해달

돌고래

대왕고래와 **돌고래**는 같은 조상에게서 2500만 년 전쯤 갈라졌고, 대왕고래처럼 크게 자라는 고래 종류는 200만 년 전부터 나타나기 시작했어요.

대왕고래

바다에서 살았던 고래의 화석이 산에서 발견되는 이유는 뭘까요?

바다 동물인 고래나 상어의 화석이 높은 산에서 발견되는 이유는 지구의 땅(대륙)이 움직이기 때문이에요. 2억 년 전 한 덩어리로 모여 있던 대륙들이 분리되었고, 현재 지구의 대륙 배치를 이루었어요. 그리고 대륙들은 앞으로도 계속 움직여 2억 년이 지나면 다시 한 덩어리가 될 거라고 해요. 이렇게 지구의 땅이 쉬지 않고 움직이는 것을 '대륙 이동'이라고 하지요.

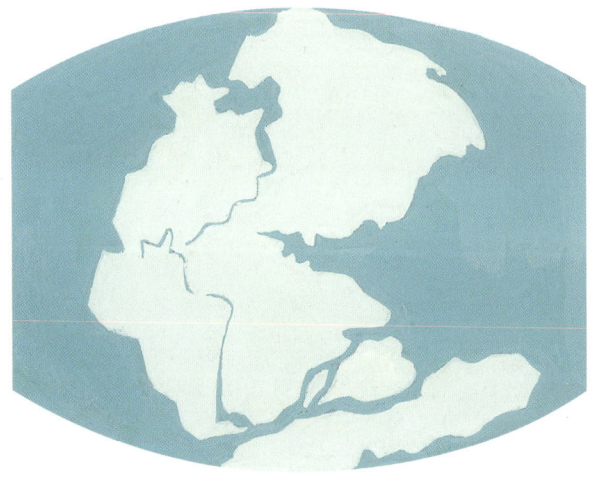

2억 3000만 년 전
고생대 페름기 말부터 중생대 트라이아스기까지 지구의 모든 대륙은 하나로 합쳐져 있었어요.

1억 5000만 년 전
중생대인 쥐라기와 백악기 동안 대륙들이 점차 멀어지기 시작했어요.

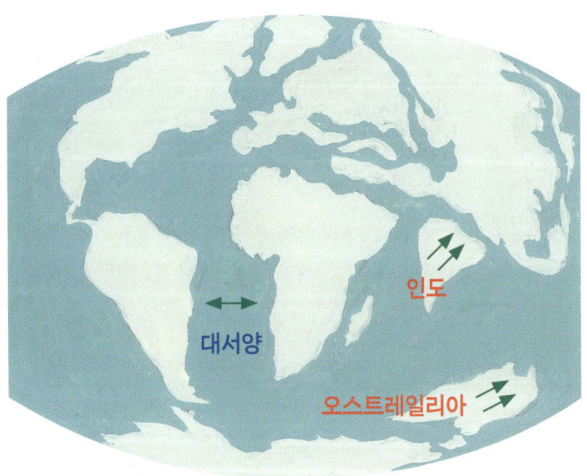

5000만 년 전
신생대가 시작될 무렵에는 대륙과 바다의 모습이 지금과 비슷해졌어요.

현재
계속 북쪽으로 움직이던 인도 대륙이 유라시아 대륙과 부딪혀 히말라야산맥이 만들어졌어요.

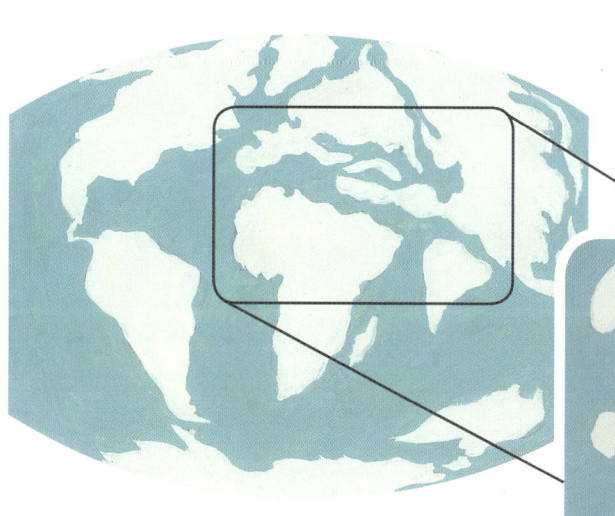

초기의 고래 화석은 히말라야 근처 파키스탄과 인도에서 발견되는데, 예전에는 이곳이 바다였거든요. 땅이 움직여 바다가 산이 된 거예요.

5000만 년 전
5000만 년 전에는 인도와 아시아 대륙이 분리되어 있었고, 두 대륙 사이에 '테티스해'라는 바다가 있었어요. 고래는 이 테티스해에서 살았어요.

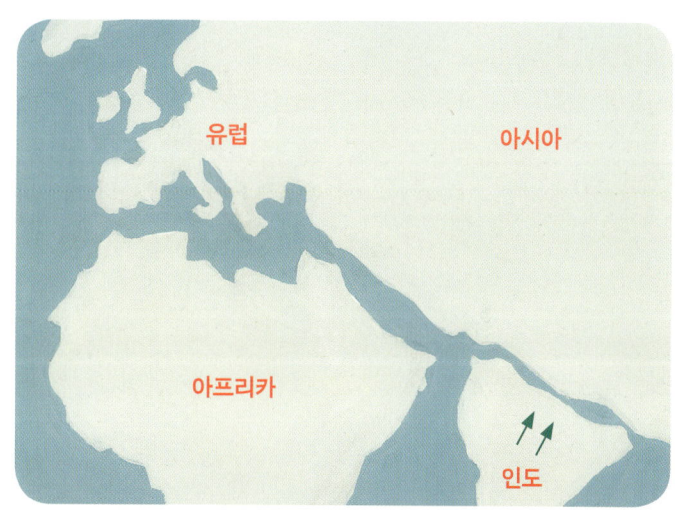

4000만 년 전
4000만 년 전 즈음에는 인도 대륙과 아시아 대륙이 맞부딪치면서 테티스해가 사라지기 시작했고, 2500만 년 전쯤에는 완전히 사라져 바다는 육지가 되었어요.

현재
두 대륙은 계속 충돌하여 현재 지구에서 가장 높은 히말라야산맥을 만들었지요. 히말라야산맥은 지금도 1년에 5센티미터씩 높아지고 있어요.

고래의 종류

고래는 크게 수염고래와 이빨고래로 나뉘어요. 이빨이 있으면 이빨고래, 이빨이 없고 이빨 자리에 고래수염이 있으면 수염고래인데, 동물의 경우 이빨 모양이 다르다는 것은 먹이가 다르다는 것과 같은 말이에요. 먹이가 다르면 사는 곳과 생활 방식이 다를 수밖에 없지요.

이빨고래는 날카로운 이빨로 큰 물고기나 오징어를 한 마리씩 사냥해요. 향고래와 범고래 그리고 돌고래가 이빨고래에 속하는데, 사실 돌고래는 한 종을 이르는 말이 아니에요. 생김새와 생태가 다양한 여러 종류의 이빨고래들을 모두 묶어서 그냥 '돌고래'라고 부르는 거예요. 현재까지 알려진 고래는 90종인데 그중 76종이 이빨고래여서 수염고래보다 훨씬 종류가 많아요.

이빨

대부분의 수염고래는 몸집이 아주 크고, 당연히 입도 크지요.
거대한 입을 벌려 엄청난 양의 물을 삼켰다가 고래수염 사이로
내뿜으면 물속에 있던 작은 물고기나 크릴 같은 먹이만
입안에 남지요.

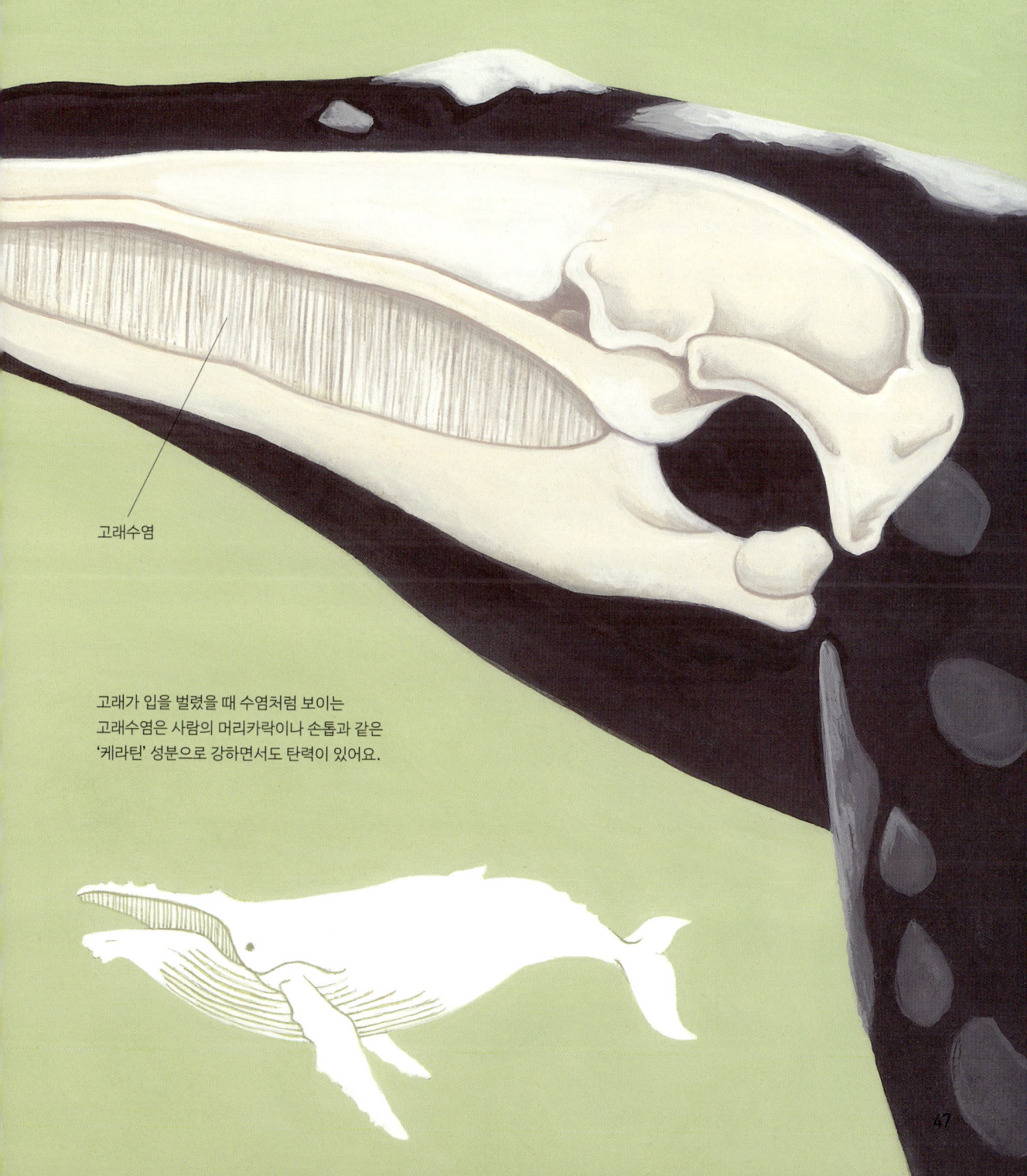

고래수염

고래가 입을 벌렸을 때 수염처럼 보이는
고래수염은 사람의 머리카락이나 손톱과 같은
'케라틴' 성분으로 강하면서도 탄력이 있어요.

수염고래는 수염고래과,
긴수염고래과, 귀신고래과,
꼬마긴수염고래과로 4과 14종이에요.

이빨고래는 향고래과, 꼬마향고래과, 참돌고래과, 외뿔고래과, 부리고래과, 쇠돌고래과, 강돌고래과로 7과 76종이에요.

내가 세상에서 제일 크지
대왕고래
(수염고래과, 최대 33m)

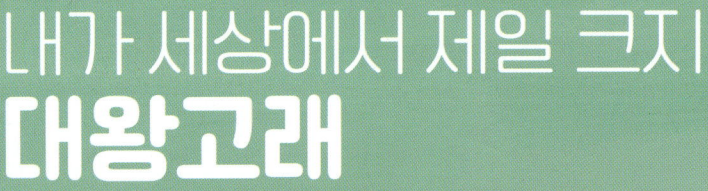

몸집이 크기로 유명한 수염고래과 중에서도 대왕고래는 가장 커요. 지구에서 가장 큰 동물이지요. 덩치가 큰 만큼 목소리도 엄청 커요. 소리의 크기는 180데시벨이 넘어서 동물이 낼 수 있는 소리 중에서 가장 크지만, 주파수가 너무 낮아서 사람의 귀에는 잘 들리지 않아요. 우

대왕고래처럼 작은 먹이를 걸러 먹는 것을 '여과 섭식'이라고 하지요. 한꺼번에 많은 양의 먹이를 먹을 수 있는 여과 섭식 방식 덕분에 수염고래들이 몸집을 크게 키울 수 있는 거예요.

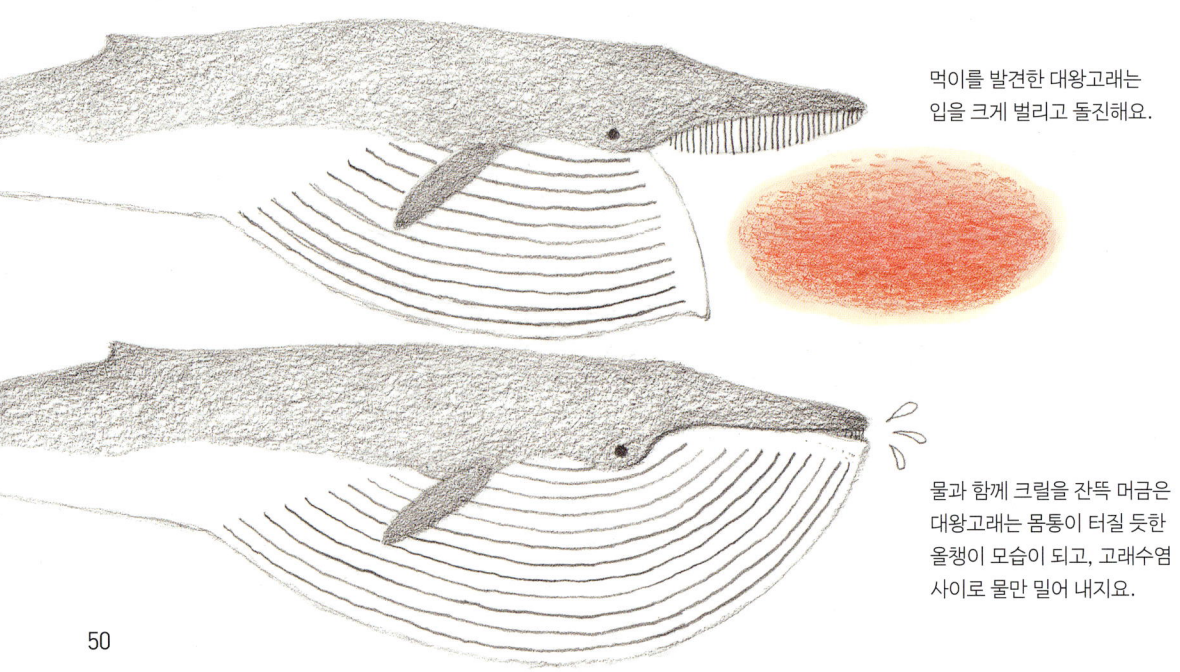

먹이를 발견한 대왕고래는 입을 크게 벌리고 돌진해요.

물과 함께 크릴을 잔뜩 머금은 대왕고래는 몸통이 터질 듯한 올챙이 모습이 되고, 고래수염 사이로 물만 밀어 내지요.

리는 들을 수 없지만, 대왕고래의 낮고 큰 소리는 바닷속에서 아주 멀리까지 갈 수 있어서 수천 킬로미터 떨어진 친구와도 대화를 나눌 수 있다고 해요.

수염고래과의 특징은 긴 목주름이에요. 대왕고래는 몸이 날렵한 편이지만 목주름을 크게 쫙쫙 늘려 엄청난 양의 크릴을 한 번에 먹을 수 있어요.

대왕고래는 주로 크릴을 먹지만 다른 수염고래들은 크릴과 함께 다른 플랑크톤과 작은 물고기도 잡아먹지요.

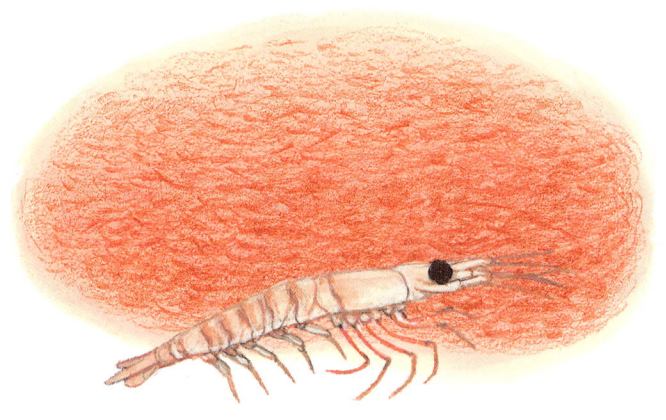

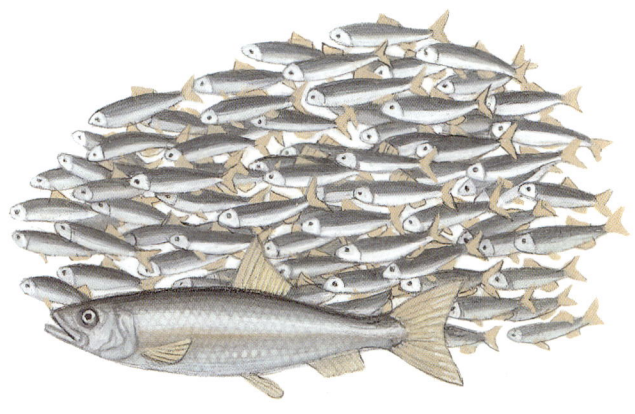

크릴은 최대 5센티미터까지 자라는 아주 작은 갑각류로, 새우처럼 생겼지만 새우는 아니예요.

청어, 까나리, 정어리, 멸치같이 떼를 지어 다니는 작은 물고기도 수염고래의 먹이이지요.

내 노래를 들어 봐 혹등고래

(수염고래과, 최대 17m)

꼬리의 아래쪽에는 흰색과 검은색이 섞인 무늬가 있는데, 사람의 지문처럼 고래마다 모두 모양이 달라요.

고래들은 여러 가지 소리를 내면서 의사소통을 하는데, 그중에서도 혹등고래는 놀라울 정도로 다양한 소리를 낼 뿐 아니라 어떤 동물보다 길고 복잡한 노래를 지어 부른다고 해요. 수컷 혹등고래는 짝짓기 철이 되면 짝을 유혹하기 위해 노래를 부르는데, 같은 구역에 사는 고래들은 같은 노래를 정해서 부르고 해가 바뀌면 구절을 추가하거나 삭제하는 등 조금씩 바꾸어 부르지요. 그래서 과학자들은 혹등고래가 감정이 풍부하고, 정교한 대화가 가능한 높은 사회성을 가지고 있다고 생각해요.

고래들은 수면 위에서 머리를 내밀거나, 꼬리를 세우거나, 뛰어오르는 등의 다양한 행동을 하는데, 그 이유는 명확하게 밝혀지지 않았어요. 다른 수컷을 견제하거나, 주변 물고기를 사냥하거나, 이성에게 멋지게 보이려고 하거나, 아니면 몸에 붙은 기생충을 떼어 내려는 목적이 아닐까 추측하는데, 그냥 재미로 장난치는 것일 수도 있다고 해요.

머리를 물 밖으로 내밀고 주변을 살펴요.

머리를 흔들어서 물을 때려요.

등을 물에 대고 드러누운 채 가슴지느러미를 빙빙 돌려서 철썩철썩 계속 물을 때려요.

꼬리지느러미를 물 밖으로 내밀었다가 큰 소리를 내면서 물을 때려요.

꼬리지느러미를 세운 채 다이빙을 해요.

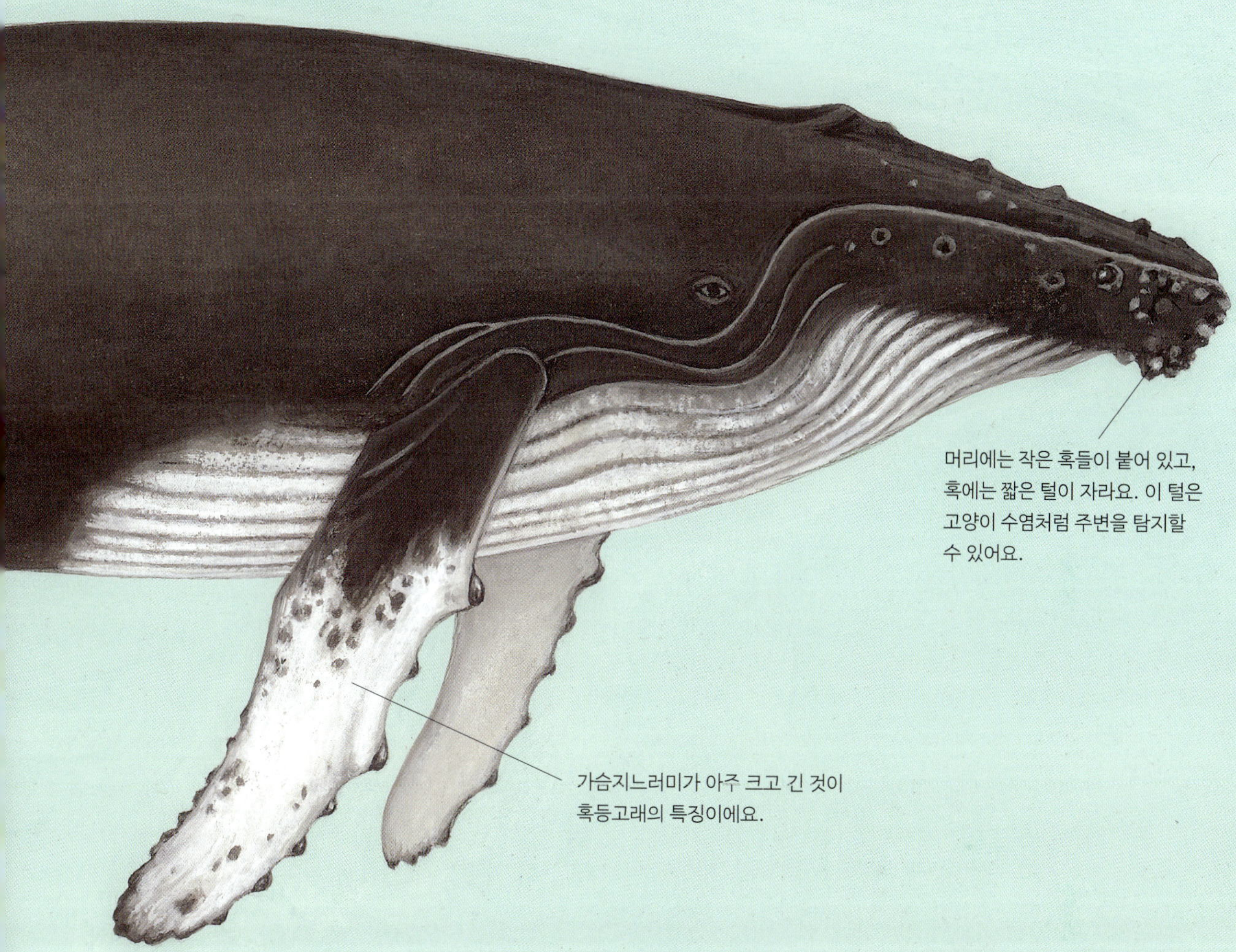

머리에는 작은 혹들이 붙어 있고, 혹에는 짧은 털이 자라요. 이 털은 고양이 수염처럼 주변을 탐지할 수 있어요.

가슴지느러미가 아주 크고 긴 것이 혹등고래의 특징이에요.

고래가 수면 위로 뛰어오르는 것을 '고래 뛰기'라고 하는데, 혹등고래는 대형 고래 중에서는 드물게 몸 전체를 완전히 물 위로 솟구치는 고래 뛰기를 하는 것으로 유명해요.

몸을 수면 위로 드러내며 뛰어오른 뒤 공중에서 몸을 옆으로 뒤틀어서 등으로 물에 철썩 떨어져요.

나는 바다의 여행가
귀신고래
(귀신고래과, 최대 15m)

대부분의 수염고래는 여름과 겨울, 따뜻한 바다와 차가운 바다를 오가면서 사는데, 겨울에는 적도 부근의 따뜻한 바다에서 짝짓기를 하거나 새끼를 낳아요. 새끼 고래는 크기가 작고 지방층이 두껍지 않아서 추운 극지방에서는 살 수가 없고, 따뜻한 바다에는 수염고래의 먹이가 많지 않거든요. 봄이 되

7~8월에는 북극, 북러시아, 알래스카 주변 바다에서 먹이를 먹으며 살을 찌워요.

여름

아시아

북아메리카

1~2월에는 따뜻한 멕시코만 해변에서 먹이는 거의 먹지 않고 새끼를 낳지요.

겨울

적도

오스트레일리아

귀신고래의 이동 경로

목주름이 2~5개로 적은 편이고,
등지느러미는 혹처럼 나 있어요.

면 좀 자란 새끼 고래와 함께 먹이가 풍부한 극지방으로 돌아가지요. 먼 거리를 이동하면서 일생을 사는 수염고래 중에서도 1년에 2만 킬로미터 이상을 이동하는 귀신고래는 가장 긴 여행을 하는 고래예요.

귀신고래는 옆으로 누워 바다 밑바닥을 쓸면서 진흙을 빨아들여요. 입을 닫은 후 진흙만 고래수염 사이로 내뱉으면 진흙 속에 있던 작은 갑각류만 입속에 남지요.

세상에서 내가 제일 뚱뚱하지!
북극고래
(긴수염고래과, 최대 21m)

북극고래는 고래 중에서 가장 크지는 않지만, 가장 뚱뚱해요. 다른 수염고래들과 달리 겨울에도 따뜻한 바다로 이동하지 않고 북극 주변에서 지내지요. 북극고래가 일생을 차가운 바다에서 지낼 수 있는 비결은 거대한 덩치의 대부분이 지방층이어서 체온을 유지할 수 있기 때문이에요.

북극고래의 꼬리지느러미는 끝으로 갈수록 폭이 좁고, 가장자리 선이 매끄러운 모양이에요. 고래마다 꼬리의 모양이 조금씩 달라서 물속으로 다이빙하는 고래의 꼬리만 보고도 어떤 고래인지 알 수 있어요.

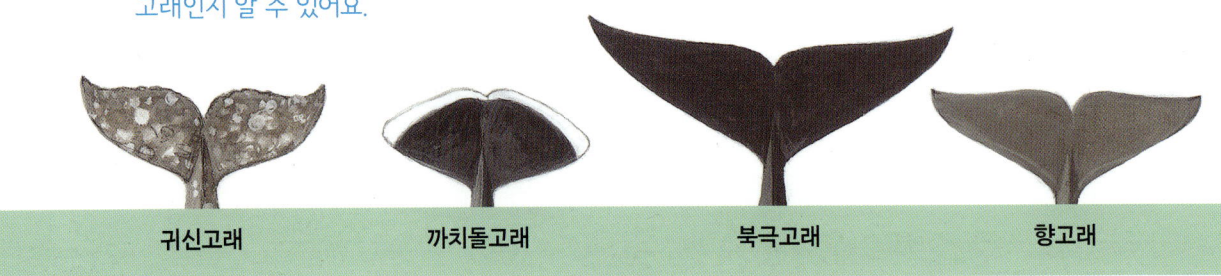

귀신고래   까치돌고래   북극고래   향고래

혹등고래   외뿔고래   대왕고래   범고래

북극고래는 등에 등지느러미가 없고 혹도 없어요.
머리는 엄청 커서 몸길이의 40퍼센트에 이르지요.
큰 머리로는 북극의 두꺼운 얼음도 깰 수 있어요.

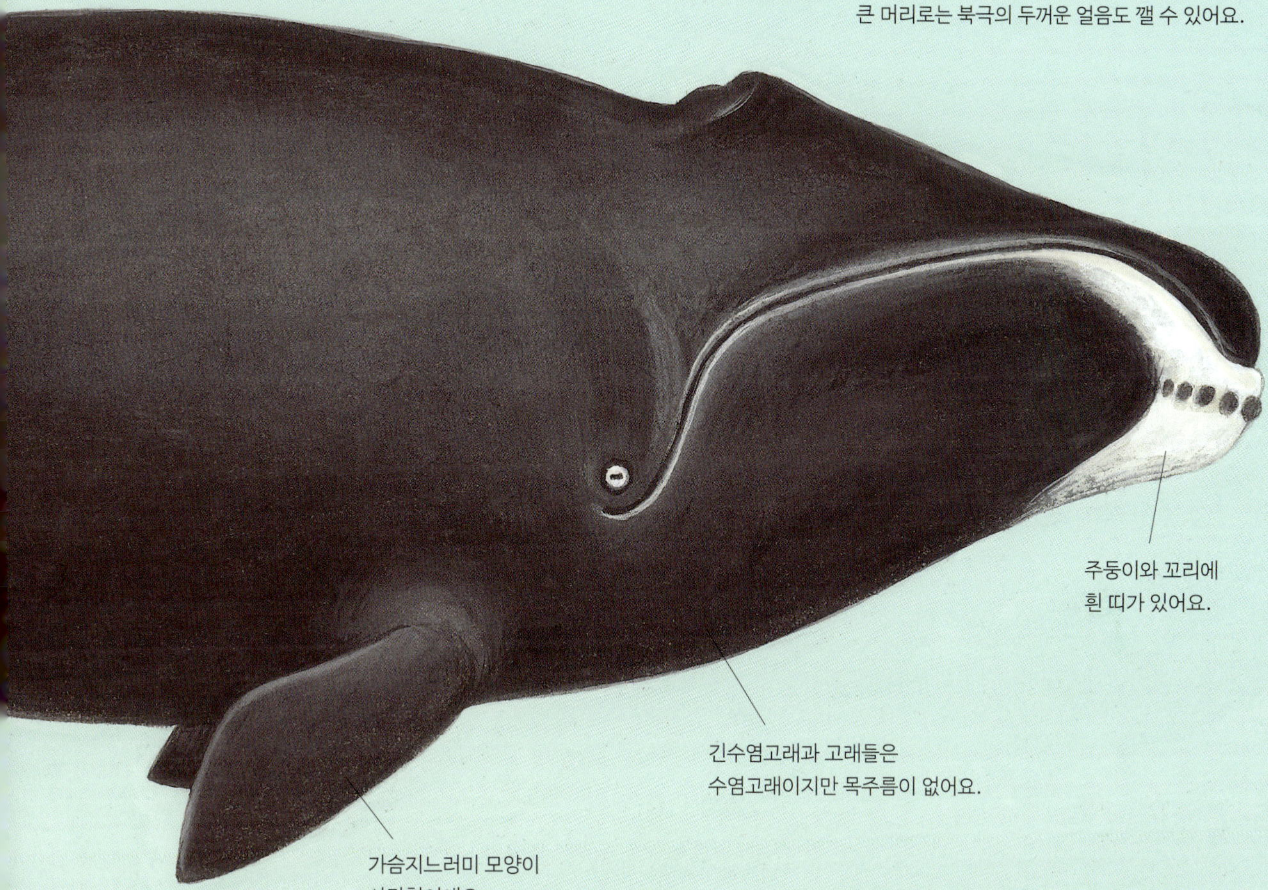

주둥이와 꼬리에
흰 띠가 있어요.

긴수염고래과 고래들은
수염고래이지만 목주름이 없어요.

가슴지느러미 모양이
사각형이에요.

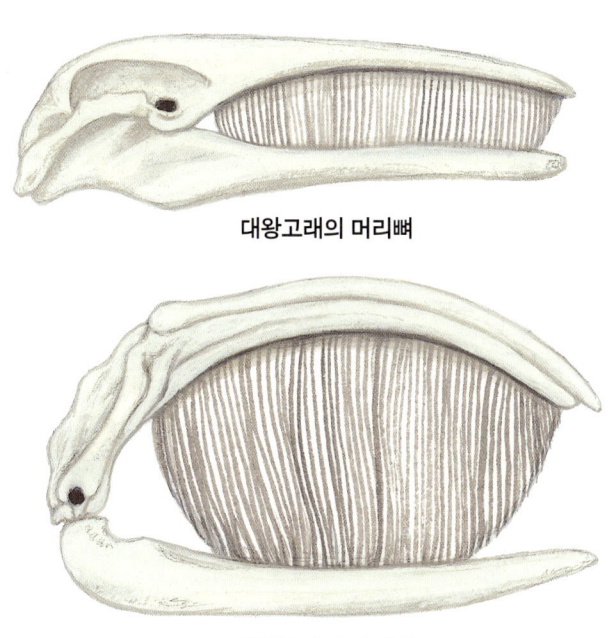

대왕고래의 머리뼈

북극고래의 머리뼈

긴수염고래과에는 북태평양 긴수염고래,
북대서양 긴수염고래, 남방 긴수염고래,
북극고래 등 4종이 있어요. 긴수염고래과
고래들은 입이 무척 크고, 입이 크니
고래수염도 길지요. 다른 수염고래들은
고래수염의 길이가 1미터 정도인 데 비해
긴수염고래과 고래들은 고래수염의
길이가 3미터가 넘어요.

내가 바로 잠수왕!
향유고래
(향유고래과, 최대 20m)

등지느러미는 혹처럼 튀어나와 있어요.

이빨고래는 대부분 수염고래에 비해 크기가 작은데, 향유고래는 이빨고래이지만 북극고래에 뒤지지 않을 만큼 크기가 클 뿐 아니라 고래 중에서 가장 깊은 곳까지 잠수할 수 있는 잠수왕이기도 해요. 그래서 해저 2000미터에 사는 심해의 대왕오징어도 잡아먹을 수가 있지요. 고래는 물속에서 물고기처럼 살지만 물 밖에서 숨을 쉬는 동물로, 물속에서는 우리와 똑같이 숨을 참는 거예요. 다른 점은 좀 길게 숨을 참을 수 있다는 것이지요. 향유고래의 잠수 시간은 최대 2시간으로 고래 중에서 가장 길어요.

고래가 수면 위로 떠올라 머리 위에 있는 분수공으로 숨을 내쉬면 숨기둥이 생겨요. 몸속의 따뜻한 공기가 바깥의 찬 공기와 만나서 수증기로 변하고 물보라까지 생겨 분수처럼 보이는 거예요. 고래마다 숨기둥의 모양이 달라요.

북대서양 긴수염고래
높이가 2~3미터이며 V자 모양이에요.

귀신고래
높이가 3~4미터 되고 하트 모양이에요.

향유고래
옆으로 비스듬히 내뿜어요.

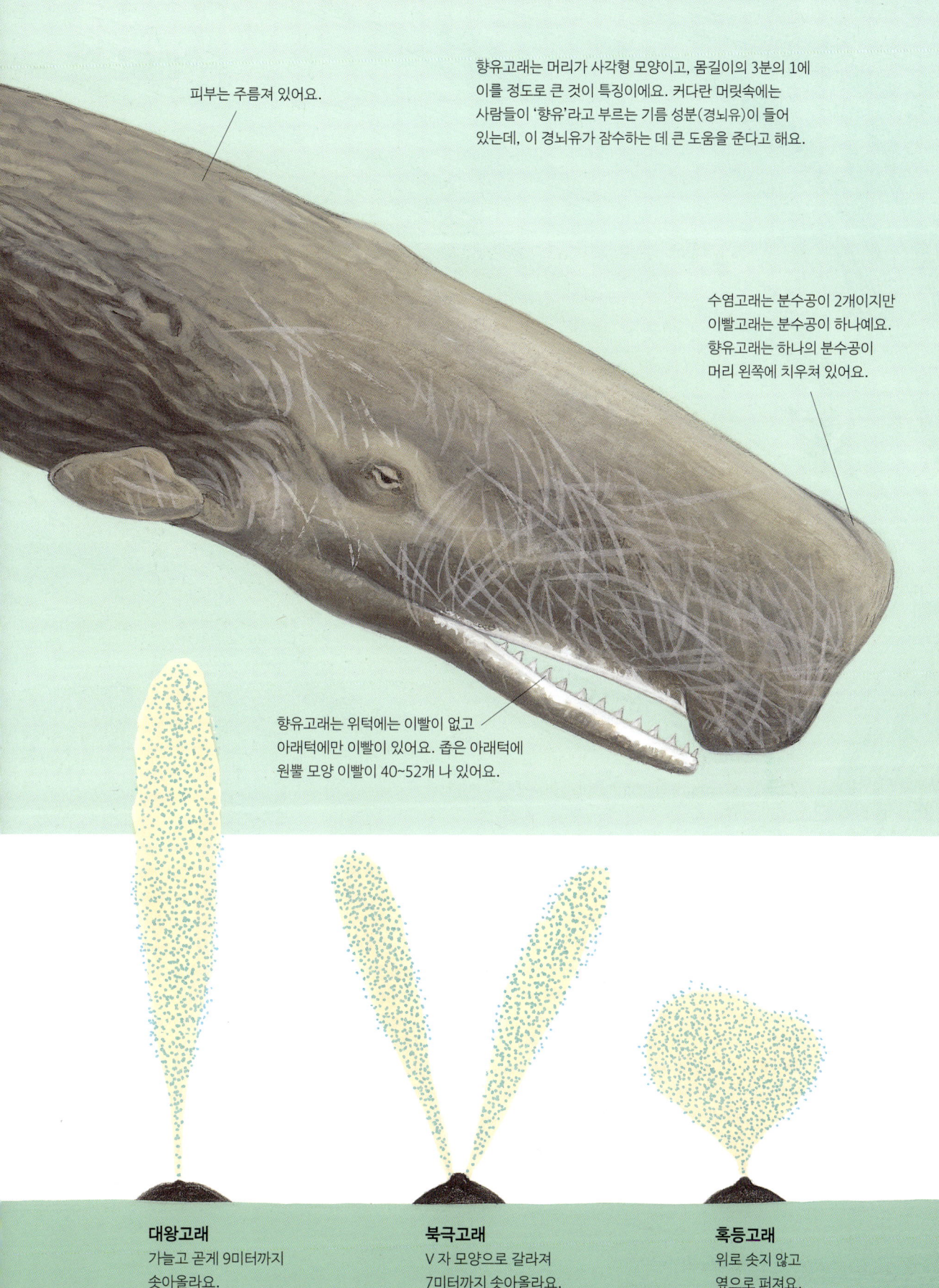

피부는 주름져 있어요.

향유고래는 머리가 사각형 모양이고, 몸길이의 3분의 1에 이를 정도로 큰 것이 특징이에요. 커다란 머릿속에는 사람들이 '향유'라고 부르는 기름 성분(경뇌유)이 들어 있는데, 이 경뇌유가 잠수하는 데 큰 도움을 준다고 해요.

수염고래는 분수공이 2개이지만 이빨고래는 분수공이 하나예요. 향유고래는 하나의 분수공이 머리 왼쪽에 치우쳐 있어요.

향유고래는 위턱에는 이빨이 없고 아래턱에만 이빨이 있어요. 좁은 아래턱에 원뿔 모양 이빨이 40~52개 나 있어요.

대왕고래
가늘고 곧게 9미터까지 솟아올라요.

북극고래
V 자 모양으로 갈라져 7미터까지 솟아올라요.

혹등고래
위로 솟지 않고 옆으로 퍼져요.

바다에서 나를 이길 자는 없지
범고래 (참돌고래과, 최대 10m)

빠른 속도와 강한 힘, 그리고 광택 나는 피부가 특징인 범고래는 무시무시한 포식자로, 영어 이름이 '킬러 웨일(killer whale)'이에요. 오징어나 문어, 물고기와 바다거북, 펭귄이나 갈매기 같은 바닷새는 물론이고 가장 큰 고래인 대왕고래와 동족인 범고래를 포함하여 22개 종의 고래를 사냥하고, 바다표범이나 바다사자 같은 바다 포유류와 가끔 사슴이나 엘크 같은 육지 포유류, 심지어 바다에서 가장 사나운 사냥꾼인 상어도 잡아먹기 때문에 바다에서는 적수가 없어요. 그런데 이렇게 포악해 보이는 범고래가 가족에게는 더없이 다정하다고 해요. 가족 간의 유대감이 높아서 평생 동안 어미 곁을 떠나지 않고 함께 지낸다고 해요.

범고래는 바닷속 최고 사냥꾼답게 다양한 사냥법을 보여 주지요. 또한 의사소통 능력이 뛰어나 대부분 무리 지어 다니면서 조직적으로 사냥을 하고, 어른 범고래에게 사냥법을 배우기도 한다고 해요.

바다사자 같은 포유류를 사냥할 때는 도망가는 먹잇감에게 박치기를 하거나 꼬리로 쳐서 물 위로 끄집어내요.

물고기를 사냥할 때는 수면까지 몰아온 다음 잡아먹어요.

암컷 범고래의 등지느러미는 높이가
낮고 갈고리 모양이에요.

암컷

수컷

범고래는 수컷이 크고 암컷이 작은데, 크기만 차이가
나는 게 아니예요. 등지느러미의 모양과 크기도 많이
다르지요. 수컷 범고래의 등지느러미는 길이가
1.8미터에 이를 만큼 높게 뻗어 있어요.

가슴지느러미가 다른
돌고래들에 비해 크고
둥글어요.

범고래 무리가 떠다니는 얼음을 밀어 올려
바다사자를 얼음 위에서 떨어뜨려요.

몇 마리의 범고래가 떼 지어 바다사자가 쉬고 있는 얼음을 향해
다가가 빠르게 그 밑으로 잠수해서 파도를 일으켜요. 바다사자가
바다로 떨어지면 물속으로 끌어들여 익사 시킨 뒤 나누어 먹지요.

사냥의 기술

몸집이 큰 수염고래들은 대부분 혼자 사냥하는데, 혹등고래는 수염고래 중에서 드물게 여러 마리가 무리를 지어 사냥해요. 알래스카 지역에서 청어나 까나리 같은 물고기 떼를 잡아먹는 혹등고래는 사냥법이 아주 특이해요. 공기 방울로 그물을 만들어 물고기 떼를 가두거든요.

혹등고래는 단순히 무리를 짓는 것이 아니라 여러 마리가 각자 역할을 나누어 매우 조직적으로 사냥을 진행해요.

처음에는 한 무리의 혹등고래가 물고기 떼를 둘러싸서 공처럼 만들고, 또 다른 혹등고래 한 마리는 모여드는 물고기 떼 주위를 돌면서 분수공에서 물방울을 끊임없이 내뿜어 물고기가 빠져나가지 못하는 거품 그물을 만들어요. 이때에 다른 혹등고래들은 입을 크게 벌리고 거품 그물 아래에서 위로 솟구치면서 수면 가까이에 공처럼 모여 있는 물고기 떼를 먹지요.

돌고래들은 그게 무리를 지어 생활하는 경우가 많고, 또 사냥도 대부분 무리가 함께해요. 서로 긴밀하게 이야기를 나누면서 작전을 짜는 잘 조직된 협동 사냥을 하는데, 이런 사냥법은 돌고래들이 얼마나 정교하게 의사소통하는지를 보여 주는 증거이지요.

돌고래는 물고기가 달아나지 못하게 둘러싸고 몰아서 물고기 떼를 공처럼 만든 다음, 차례로 달려들어서 가능한 한 많은 먹이를 입에 넣지요.

바닥이 진흙인 얕은 바다나 강 하구에 사는 돌고래는 물고기 떼를 찾으면 여러 마리가 에워싼 다음, 꼬리로 진흙 바닥을 때려 뿌연 흙탕물 장막을 만들지요.

돌고래 한 마리가 흙탕물 장막을 빙 두르며 물고기 떼를 포위해요.

물고기들은 흙탕물 장막을 뚫고 헤엄치지 못하고 물 위에서 뛰어넘으려고 하지요. 나머지 돌고래들은 물 밖으로 머리를 내놓은 채 진흙 장막 바깥에서 기다리다가 물 위로 뛰어 도망치려는 물고기를 공중에서 휙 낚아채 먹어요.

나는 소리를 볼 수 있지
큰돌고래
(참돌고래과, 최대 4m)

참돌고래과는 몸길이 2미터 이하의 작은 돌고래부터 범고래까지 20여 종이 알려져 있어 가장 종류가 많아요. 그중에서도 큰돌고래는 '인간과 친하고, 영리하고, 재빠르다.'라는 우리가 생각하는 전형적인 돌고래이지요.

고래는 온갖 소리를 내서 대화를 나누고, 노래를 지어서 부르는 시끄러운 동물이면서 가족끼리 서로 돌보고, 장난치고, 사냥도 함께하는 무척 사회적인 동물이에요. 특히 돌고래들은 인간을 제외하면 무리 내에서 의사소통을 가장 많이 하고 다양한 문화적 관계를 가지는 것으로 유명하지요. 그런데 돌고래들은 대화를 나누는 방식이 우리와 전혀 달라요. 귀가 없는 돌고래는 턱으로 소리를 듣는다고 해요.

돌고래는 머리 위쪽에서 빠르고 짧게 연속적으로 소리를 내보내는데, 1초에 수백 번 소리를 낼 수 있어요. 그 소리가 물속에 있는 물체에 부딪혀 돌아오는 메아리를 듣지요. 그래서 어두운 심해나 앞이 보이지 않는 탁한 물속에서 눈으로 보지 않고도 주변에 뭐가 있는지 알아낼 수가 있지요. 소리를 통해 앞을 보는 이런 방식을 '반향 정위'라고 하는데, 모든 이빨고래는 반향 정위를 쓸 수 있어요. 밤에만 활동하는 박쥐도 이와 비슷한 방식을 쓰지요.

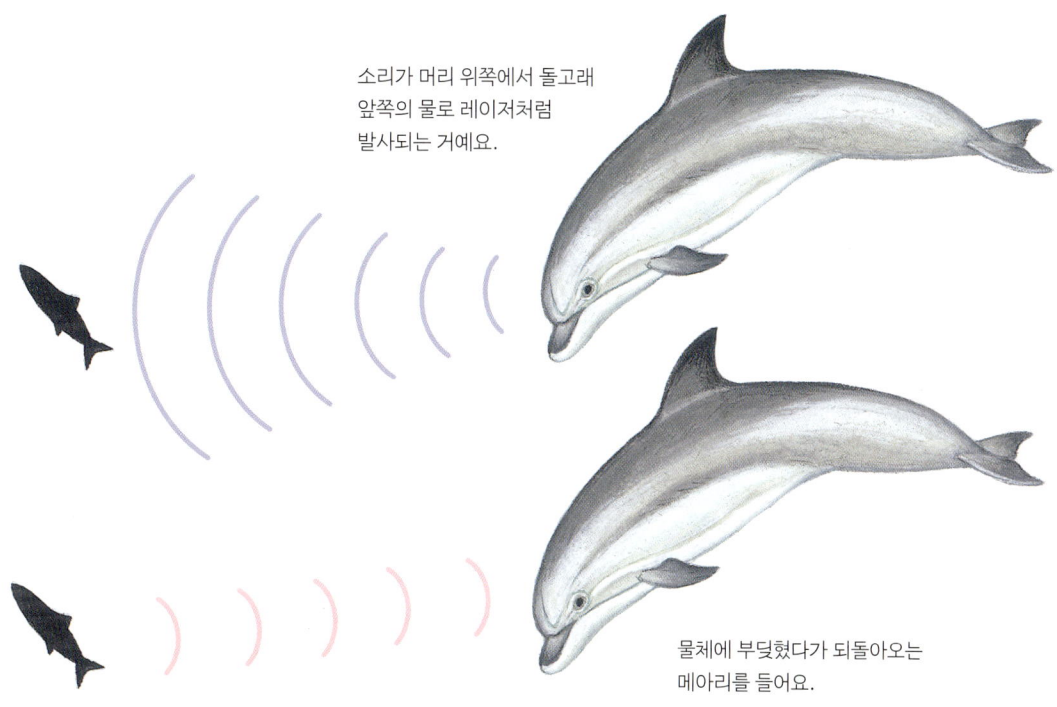

소리가 머리 위쪽에서 돌고래 앞쪽의 물로 레이저처럼 발사되는 거예요.

물체에 부딪혔다가 되돌아오는 메아리를 들어요.

분수공이 두 개인 수염고래와 달리 이빨고래는 분수공이 하나인데 원래 분수공이었던 부분이 소리를 내는 기관으로 변한 거예요. 머리 위 큰 혹처럼 솟은 곳은 농도가 약한 기름 덩어리로 이루어져 있는데, 이곳을 '멜론'이라고 불러요.

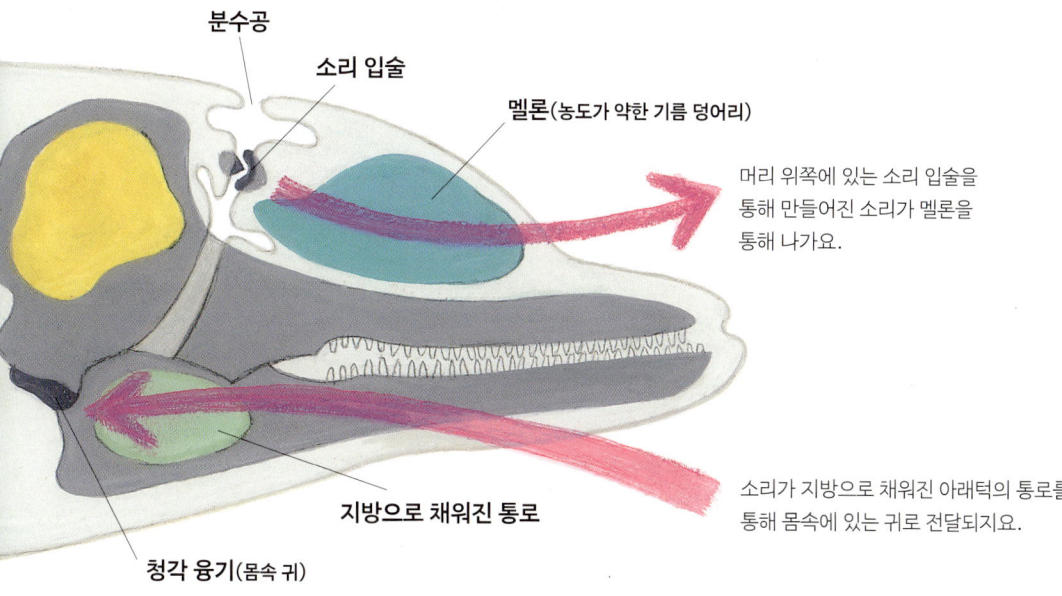

분수공

소리 입술

멜론(농도가 약한 기름 덩어리)

머리 위쪽에 있는 소리 입술을 통해 만들어진 소리가 멜론을 통해 나가요.

소리가 지방으로 채워진 아래턱의 통로를 통해 몸속에 있는 귀로 전달되지요.

지방으로 채워진 통로

청각 융기(몸속 귀)

너도 나처럼 뛰어 볼래?
스피너돌고래
(참돌고래과, 최대 2.4m)

스피너돌고래는 열대와 아열대의 따뜻한 바다에 사는 날씬한 돌고래예요. 낮에는 해안가 얕은 바다에서 쉬고, 밤에는 먼바다에 나가 사냥을 하지요.

스피너돌고래는 점프를 하면서 회전하는 돌고래로 유명해요. 한 번 점프할 때 일곱 바퀴 이상 회전할 수 있고, 이런 회전 점프를 연속적으로 여러 번 하기도 해요. 돌고래 중에서도 이런 묘기 같은 점프는 스피너돌고래만 한다고 해요. 그래서 이름에 '빙빙 돈다'는 뜻인 '스핀(spin)'이 들어가 있지요.

돌고래는 빠르게 이동해야 할 때 물 표면에서 점프하면서 헤엄을 쳐요. 물은 공기보다 밀도가 800배 높기 때문에, 물속에서 수영하는 것보다 에너지는 덜 쓰면서 빠르게 갈 수 있거든요. 그리고 물 밖에서 자주 숨도 쉬어야 하니까요. 그런데 많은 돌고래들이 속도를 내서 움직일 때가 아니어도 수면 근처에서 뒹굴거나, 배를 위로 하고 헤엄을 치거나, 머리를 물 위로 내밀고, 물 위로 치솟고, 다시 물로 풍덩 뛰어들고, 서로 추격하고, 해초를 가지고 놀아요. 사람들은 이런 행동들이 몸에 붙은 기생충을 떼어 내거나, 이성에게 멋있게 보이려고 하거나, 먹이를 찾거나 하는 등의 이유가 있을 거라고 생각했는데, 사실은 그냥 장난치고 노는 걸 좋아하는 것일 수도 있다고 해요.

내가 바로 유니콘이야 **외뿔고래**

(외뿔고래과, 최대 5.5m)

외뿔고래의 뿔은 뿔이 아니라 길게 자라는 엄니로, 이빨이에요. 외뿔고래는 아기 때는 입안에 이빨이 두 개 있는데, 수컷은 어른이 되면 오른쪽 이빨은 그대로 있고 왼쪽 이빨만 길게 자라나 입술 밖으로 뻗어 나오지요. 가끔 엄니가 자라는 암컷이 있기도 하고, 이빨 두 개가 모두 엄니로 자라는 경우도 있어요.

빙빙 꼬인 나선 모양으로 3미터까지 자라는 외뿔고래의 엄니는 겉으로는 무기처럼 보이지만 사실은 더듬이에 가깝다고 해요. 물의 압력이나 온도, 먹이나 짝의 위치를 민감하게 감지하는 안테나 역할을 하지요.

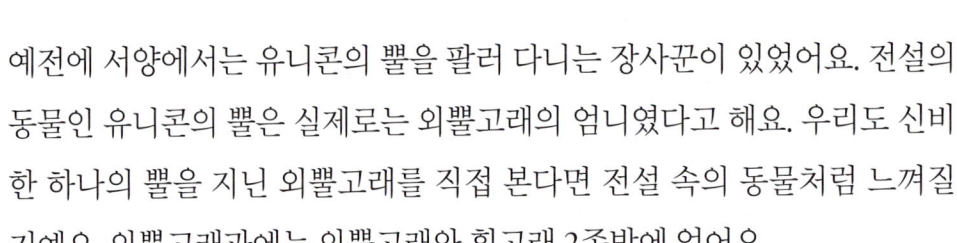

예전에 서양에서는 유니콘의 뿔을 팔러 다니는 장사꾼이 있었어요. 전설의 동물인 유니콘의 뿔은 실제로는 외뿔고래의 엄니였다고 해요. 우리도 신비한 하나의 뿔을 지닌 외뿔고래를 직접 본다면 전설 속의 동물처럼 느껴질 거예요. 외뿔고래과에는 외뿔고래와 흰고래 2종밖에 없어요.

외뿔고래 두 마리가 물 밖으로 머리를 내밀고 엄니를 부벼요. 엄니에 붙은 바다 식물이나 따개비를 서로 떼어 주는 것이라고 해요.

흰고래를 '벨루가'라고 부르기도 하는데, 러시아 말로
'하얗다'는 뜻이에요. 흰고래는 머리가 작고,
등지느러미 대신 볏처럼 생긴 돌기가 나 있어요.

흰고래는 새끼 때는 몸 색깔이 회색이에요.
자라면서 차츰 흰색으로 바뀌어요.

온몸이 하얀 흰고래도 외뿔고래 못지않게 신기하게 느껴지는 고래이지요. 둘 다 얼음이 떠다니는 북극의 차가운 바다에서 살고, 등지느러미 대신 돌기가 나 있지요. 외뿔고래는 길게 뻗은 엄니를 빼면 흰고래와 비슷하게 생겼고, 아기 때 몸 색깔이 회색인 것도 똑같아요.

흰고래는 이빨고래 중에서도 매우 다양한 소리를 내는 것으로 유명해요. 입을 동그랗게 모아 휘파람 부는 시늉을 하기도 하지요.

흰고래는 다른 고래들과 달리 목이 있어 머리를 좌우로 돌릴 수 있어요.

흰고래는 활짝 웃는 표정을 짓기도 하지요.

나는 돌고래가 아니야 상괭이

(쇠돌고래과, 최대 2.3m)

튀어나오지 않은 뭉툭한 주둥이와 둥그스름한 이마는 상괭이의 특징이에요. 등지느러미는 없고, 등을 따라 길게 돌기가 나 있어요. 새끼 때는 몸 색깔이 짙은 회색이었다가 자라면서 흰색에 가까운 밝은 회색으로 변해요. 상괭이는 쇠돌고래과에 속하는 작은 돌고래예요. 쇠돌고래는 7종이 알려져 있는데, 육지와 가까운 얕은 바다에 주로 살고 조심성이 많은 편이에요.

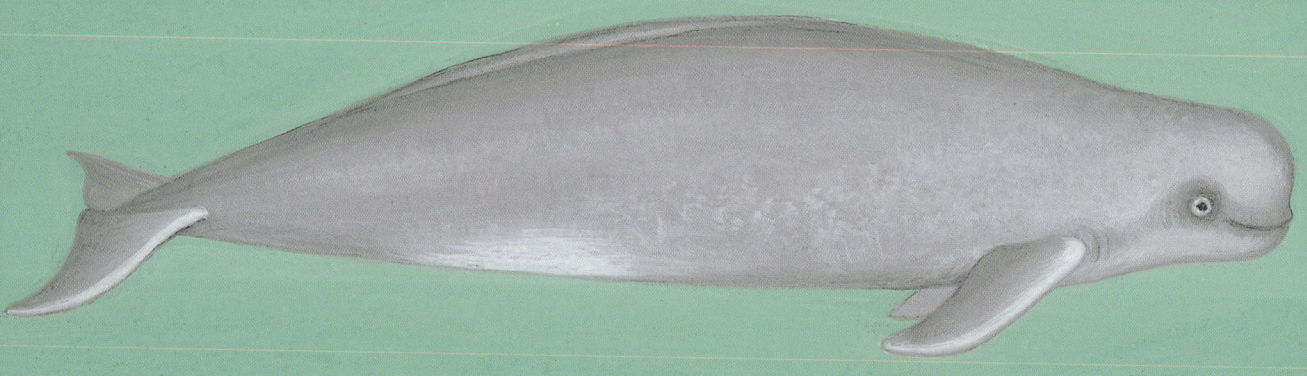

기본적으로 이빨이 있는 작은 고래들을 모두 묶어서 '돌고래'라고 불러요. 그래서 상괭이도 돌고래가 맞아요. 그렇지만 쇠돌고래와 돌고래는 '이빨이 있는 고래'라는 점을 제외하면 생김새나 생태가 다른 점이 많아요. 그래서 서양에서는 수염고래(whale), 돌고래(dolphin), 쇠돌고래(porpoise)라고 따로 구분해서 부르지요.

상괭이는 홍콩, 일본, 한국 등 동아시아에서만 살아요. 특히 우리나라 서해에 많은데, 보통 해안에서 5킬로미터가 넘는 먼바다로는 나가지 않고 가끔은 강 하구에서 지내기도 해서 사람들의 눈에 잘 띄지요.

상괭이 서식지

분홍 돌고래 본 적 있니?
아마존강돌고래 (강돌고래과, 최대 2.5m)

강에도 돌고래가 살아요. 아마존강에 사는 아마존강돌고래는 어릴 때는 몸 색깔이 짙은 회색이지만, 다 자란 수컷 돌고래는 분홍색으로 바뀌지요. 강물의 탁한 정도나 물의 온도에 따라 분홍색에서 청회색까지 색깔이 다양해요.

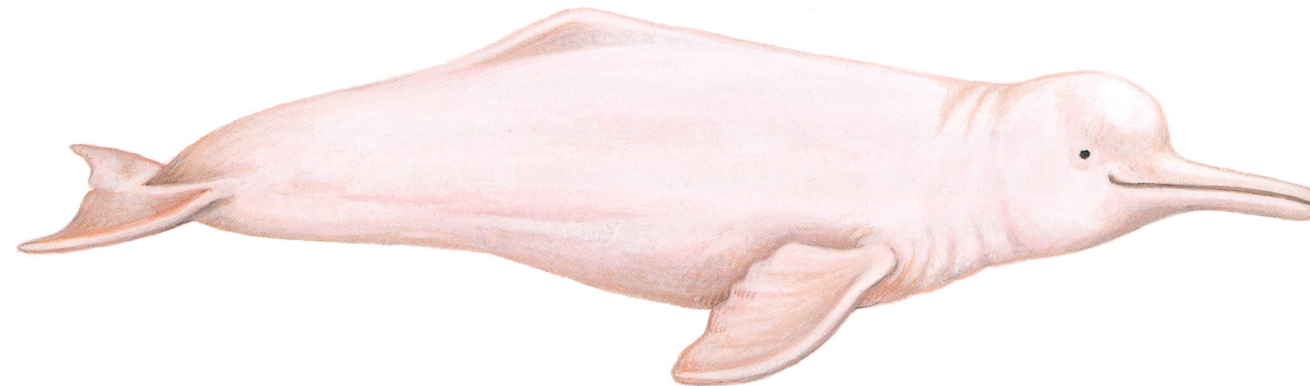

강돌고래과는 아시아와 남아메리카의 강에서 살고 있는 4종의 돌고래를 묶어서 분류한 것으로, 다른 지역에 사는 강돌고래들이 서로 가까운 친척은 아니예요. 비슷한 환경에서 비슷한 먹이를 먹고 살다 보니 생김새나 생태가 비슷해진 거예요. 강돌고래들은 몸길이가 2~3미터 정도로 고래 중에서는 작은 편이고, 주둥이는 좁고 길어요. 얕고 탁한 강물에 살기 때문에 대부분 눈이 작고 시력이 나쁘지만, 대신 반향 정위 능력은 뛰어나지요. 또 강물 속까지 자라는 숲의 나무나 떠다니는 부유물 사이를 헤엄치기 위해 몸이 아주 유연해요. 그리고 또 하나의 공통점은 모두 멸종 위기라는 거예요.

아마존강돌고래는 다른 강돌고래들과 달리 시력이 좋고, 긴 부리 같은 입으로 웃는 표정을 짓기도 하지요. 호기심과 장난기가 많고 인간에게 거부감이 없는 편이어서 관광객이 나타나면 물에서 나왔다 들어갔다 하면서 일부러 근처를 어슬렁거린다고 해요.

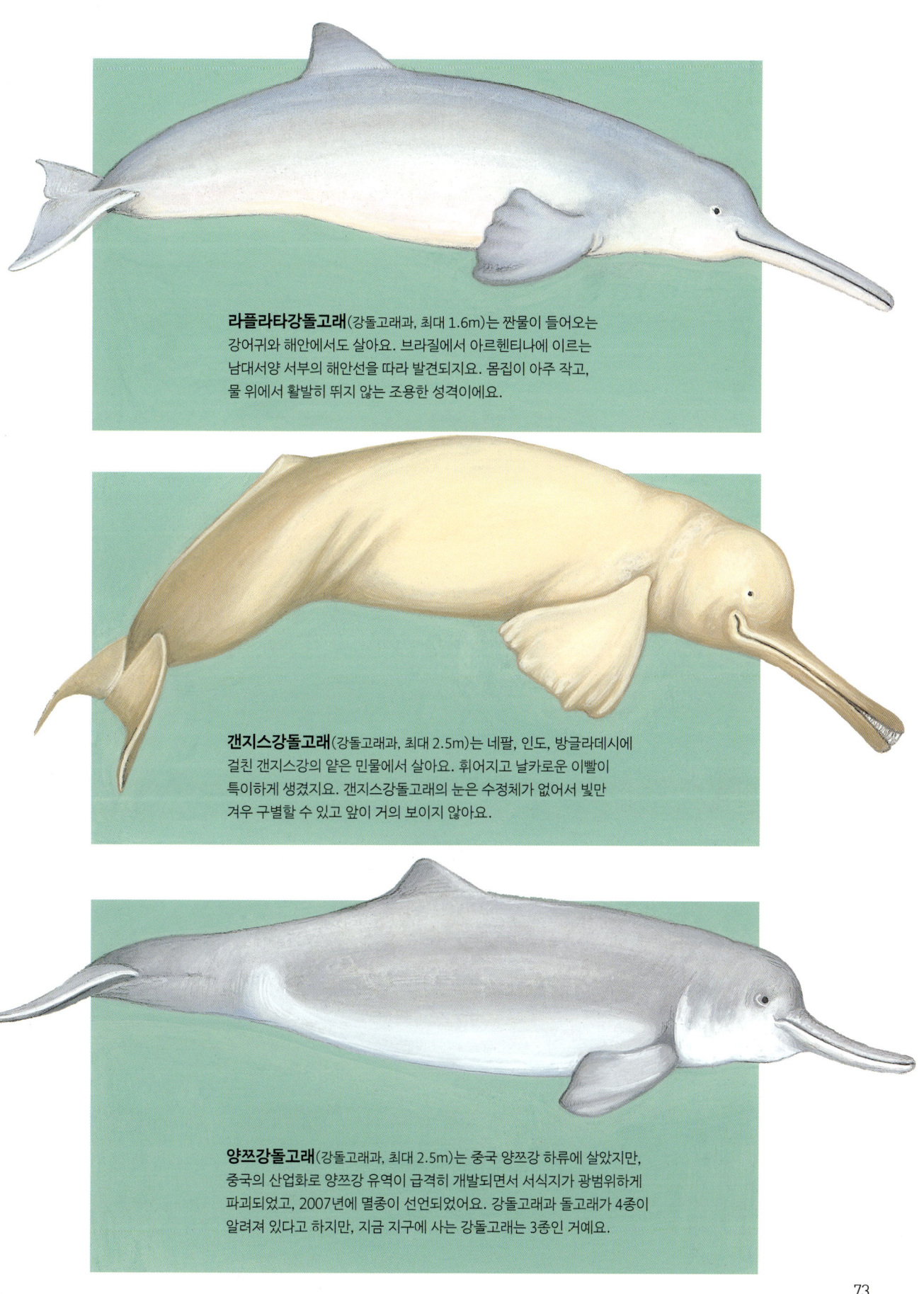

라플라타강돌고래(강돌고래과, 최대 1.6m)는 짠물이 들어오는 강어귀와 해안에서도 살아요. 브라질에서 아르헨티나에 이르는 남대서양 서부의 해안선을 따라 발견되지요. 몸집이 아주 작고, 물 위에서 활발히 뛰지 않는 조용한 성격이에요.

갠지스강돌고래(강돌고래과, 최대 2.5m)는 네팔, 인도, 방글라데시에 걸친 갠지스강의 얕은 민물에서 살아요. 휘어지고 날카로운 이빨이 특이하게 생겼지요. 갠지스강돌고래의 눈은 수정체가 없어서 빛만 겨우 구별할 수 있고 앞이 거의 보이지 않아요.

양쯔강돌고래(강돌고래과, 최대 2.5m)는 중국 양쯔강 하류에 살았지만, 중국의 산업화로 양쯔강 유역이 급격히 개발되면서 서식지가 광범위하게 파괴되었고, 2007년에 멸종이 선언되었어요. 강돌고래과 돌고래가 4종이 알려져 있다고 하지만, 지금 지구에 사는 강돌고래는 3종인 거예요.

# 마치며

고래는 배를 따라 함께 뛰고, 노래하고, 하트 모양 물을 뿜어내고, 우리를 보고 웃어 주기도 하는 놀랍고도 신기한 동물이지만, 고래가 더욱 특별한 이유는 지구와 생명의 진화에 대한 다양한 이야기를 들려주기 때문이에요.

육지에 적응한 생물이 다시 물속 생활에 맞게 몸을 바꾸는 것은 쉬운 일이 아니에요. 살아남기 위해, 조금이라도 나은 환경을 찾기 위해 죽을힘을 다한 결과이지요. '생명은 아주 작은 가능성과 빈틈이라도 있다면 결코 포기하지 않는다.'라는 것이 고래 화석들이 들려주는 진짜 진화 이야기인지도 몰라요.

지금 고래는 모든 종이 위기종이고, 이미 멸종한 종도 있어요. 삶의 터전과 몸의 모양을 바꾸면서까지 꿋꿋하게 살아남았던 고래가 지구에서 완전히 사라질 수도 있는 거예요.

이제는 우리가 고래에게 먼저 웃어 주고, 하트를 보내며, 계속 지구에서 함께 살아가기를 포기하지 않겠다는 이야기를 들려줄 차례가 아닐까요?

"사랑해! 고래야."

• 강돌고랫과와 긴수염고랫과 등의 경우 국립국어원의 표준국어대사전에 등재된 표제어이지만, 미처 표제어로 등재되지 않은 다른 고래과와의 통일을 위해 강돌고래과, 긴수염고래과처럼 사이시옷을 넣지 않고 모두 고래과로 표기하였음을 밝힙니다.

사소한 고래책

초판 1쇄 발행 2025년 5월 13일
초판 2쇄 발행 2025년 11월 1일

글·그림 김은정 | 펴낸이 김남중
디자인 윤현이 | 교정 교열 이진숙 | 제작 공간

펴낸곳 한권의책 | 출판등록 2011년 11월 2일 제406-251002011000317호
주소 경기도 파주시 노을빛로 109-26 | 전자우편 knamjung@hanmail.net

김은정 ⓒ 2025
ISBN 979-11-85237-64-0 73400
값 16,800원

• 잘못된 책은 바꿔 드립니다.
• 이 책 내용의 전부 또는 일부를 재사용하려면 반드시 저작권자와 한권의책 양측의 동의를 받아야 합니다.